이 책은 저자가 그동안 살아오면서
각 분야에서 얻은 경험을 토대로 책의 줄거리를 만들었기 때문에
그 어떤 책보다도 처세의 지혜를 구하는 현실성이 뛰어나다고 할 수 있습니다.
특히 단 한 번뿐인 인생을 실수하지 않고 살고 싶은 이 시대의 젊은이들과
사회 각 분야에서 앞장서서 조직을 이끌고 나아가는
리더들에게 삼가 이 책을 권합니다.

리더의 길이 보이는 옛글

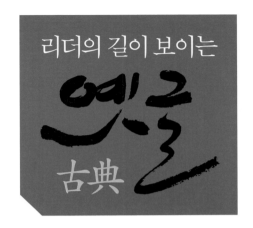

리더의 길이 보이는

옛글

古典

오동희 지음

한나래플러스

지은이 **오동희**

지은이는 충남 보령에서 태어나 공주사대부고와 경희대학교 영문과를 졸업했다. 1969년 국제상사에 입사해 30대 중반의 나이에 수입물자본부장을 지냈다. 1981년 프로스펙스(Brand Launching) 사업본부를 창설하여 3년여 만에 선발주자인 세계적인 브랜드 나이키를 앞서는 영업 신장으로 스포츠업계를 놀라게 했다. 1986년 전무이사로 퇴임하고 동조무역상사(주)를 창업했다.

리더의 길이 보이는 옛글

지은이 | 오동희
펴낸이 | 한기철
편집 | 이희영, 우정은, 이은혜
마케팅 | 조광재, 정선경

2013년 10월 15일 1판 1쇄 박음
2013년 10월 25일 1판 1쇄 펴냄

펴낸곳 | 한나래출판사
등록 | 1991. 2. 25 제22-80호
주소 | 서울시 마포구 월드컵로3길 39(합정동 388-28) 합정빌딩 2층
전화 | 02-738-5637 · 팩스 | 02-363-5637 · e-mail | hannarae91@naver.com
www.hannarae.net

© 2013 오동희
Published by Hannarae Publishing Co.
Printed in Seoul

ISBN 978-89-5566-152-1 04190
      978-89-5566-151-4 (세트)

* 이 도서의 국립중앙도서관 출판시도서목록(CIP)은 e-CIP홈페이지(http://www.nl.go.kr/ecip)와 국가자료공동목록시스템(http://www.nl.go.kr/kolisnet)에서 이용하실 수 있습니다. (CIP제어번호: CIP2013020366)

머리말

옛글 속에 현재가 있다

이 책은 저자가 살아오는 동안 직장에서, 그리고 사업을 하면서, 또 동네 재개발사업을 통하여 인간사회의 천태만상을 보고 겪으면서 과연 현대인들에게 참된 세상살이가 무엇인지 고민하고 얻은 결과물입니다. 지난 2003년부터 동서양의 옛글과 속담 등에서 귀담아 두면 좋을 말들을 나름대로 정리해 이를 가까운 친지와 교우 80여 명에게 이메일로 보내온 것이 이 책의 시작입니다. 그동안 제가 보낸 글을 받아 본 지인들이 이 글들을 묶어 책을 내보라는 권유를 해주었습니다. 그래서 용기를 내게 되었습니다.

 - (주)유유산업 사장으로 계시던 강승안 박사님. 평생을 홍삼 연구와 은행잎 추출 혈액순환개선제 개발 등으로 국민 건강을 위해 많은 공을 세우신 분입니다. 정년퇴임에 즈음하여 마음의 갈등을 많이 겪으실 때 제 글을 받아 보시고 마음을 비우는 데 큰 도움이 되셨다는 말씀에 보람을 느꼈습니다.

- 전 국회의원이며 정치평론가이신 정범구 박사님. 만날 때마다 제가 인용하는 글과 말에 늘 관심을 가져 주시고 '초야에 묻혀 있는 선사'라며 추켜세워 주신 것이 용기가 되었습니다.

- 사법고시에 합격한 후 기업법 전문변호사로 활동하다가 현재는 서강대학교 로스쿨 교수로 학생들을 가르치며, 정부기관에 각종 자문을 하고, 여러 매체에 기업관련 칼럼을 쓰기도 하는 이상복 교수님. 강의 전에 학생들에게 제 글들을 읽어 주었더니 반응이 좋았다고, 모아서 책으로 내보라고 여러 번 권해 주신 것이 많은 힘이 되었습니다.

- 장로교신학대학의 김운용 목사님. 2008년 말 국제상사 근무 시절 직장 후배였던 (주)스프리스 김세제 사장 퇴임식에 갔다가 갑자기 즉석 격려사를 부탁받고 사원과 내빈 앞에서 몇 마디 한 적이 있습니다. 이것을 듣고 계시던 목사님께서 제가 한 말을 적어 달라고 하시고, 장로교신학대학 학생들에게 특강을 해 줄 수 있느냐고 청해 주신 적이 있습니다.

- 도올 김용옥 선생님의 연구실 '통나무' 출판사의 김은혜 편집부장님. 제가 무슨 말을 할 때마다 '어록'이라며 유쾌하게 웃으면서 받아 적곤 하던 일이 많은 힘이 되었습니다. 그리고 고전古典에 대해 문외한門外漢이던 제가 옛글에 관심을 갖게 된 것은 전적으로, 30여 년

친우親友 관계로 지내고 있는 도올 선생님 덕분입니다. 지금까지도 한 번 집필을 시작하면 4~5개월 두문불출하고 하루 3~4시간 정도 자면서 끊임없이 연구하는 선생님의 열정에 깊은 존경과 찬사를 보냅니다.

이렇게 많은 주변 분들의 사랑과 격려에 용기백배하여 지금까지 모아 온 글을 다시 정리하고 새로운 글을 더하여 《리더의 길이 보이는 옛글》을 세상에 내놓게 되었습니다. 다시 한 번 진심으로 감사의 말씀을 드립니다.

자연에서 배우고 그 이치를 터득하여 얻은 것이 동양의 고전이라면, 세상 속에서 경험을 통하여 배우고 터득한 것이 서양의 옛글입니다. 이 책에는 동양의 옛글인 《노자도덕경老子道德經》, 《논어論語》, 《대학大學》, 《중용中庸》, 《장자莊子》, 《맹자孟子》, 《한비자韓非子》, 《설원說苑》, 《손자병법孫子兵法》, 《오자병법吳子兵法》, 《채근담菜根譚》, 《전국책戰國策》, 《현문賢文》, 《명심보감明心寶鑑》 등과 서양의 옛글인 이스라엘민족의 경전인 《탈무드》와 《이솝우화》에 나오는 주옥같은 지혜의 글들을 선별하여 담았습니다.

《탈무드》는 5000년 전부터 예수님도 인용한 유대민족의 계율戒律이며 교훈教訓이요 생활의 지혜로, 오늘날 세계 경제를 주도하는 유대민족의 정신적, 인문학적 철학의 바탕입니다. 《이솝우화》는 기원전

6세기 고대 그리스 사모스 섬에 살았던 노예이자 이야기꾼인 '이솝'이 동물들을 의인화擬人化한 이야기로 오늘날에도 전 세계 어린이들의 인성교육을 위한 교재로 널리 쓰이고 있습니다. 그리고 기원전 고대 로마와 그리스의 옛 성현들과 기원후 옛 서양 석학들의 명언인 서양 속담들을 그 실명으로 담았습니다. 속담이 우리네 삶에 도움이 되는 것은 모두가 경험에서 얻어낸 삶의 지혜이기 때문입니다.

옛글은 우리 삶을 올바른 길로 안내하는 인생의 길잡이이자 멘토가 될 수 있습니다. 이 책에는 동서양의 지혜가 함축된 글들이 담겨 있기 때문에 독자들이 서로 비교하면서 쉽게 읽을 수 있습니다. 짧은 글들이지만 그 속에 우주와 같은 큰 세상이 들어 있고, 인생의 진리와 해학, 그리고 현대인의 현명한 처세를 위한 지혜와 교훈이 들어 있습니다.

세상을 살아오면서 잘못한 일, 후회스런 일이 많지만 그 일들을 바탕으로 이제는 무엇을 어떻게 해야 아름다운 삶일까에 대해 어느 정도 알 것 같은 나이가 되었습니다. 그리하여 후배들에게 또 제 손자 준석과 은수, 그리고 막내 손녀 태림에게 세상을 사는 데 도움이 됐으면 하는 마음에서 이 글들을 전하고자 합니다.

2013년 10월
저자 오동희

마당발 오동희를 말하다 _이만재(카피라이터)

저자 오동희는 30대의 젊은 나이에 국내 굴지의 종합상사 본부장, 즉 부문장 CEO를 역임했다. 얼마 전까지만 해도 그의 직함은 '무역회사 사장'이었다. 그러나 내 머릿속에 고정관념으로 각인된 그의 정체는 넓고 멀리 보는 매의 눈을 가진 오지랖 넓은 '오야붕'이다. 작은 키와 단단한 체격인 그가 '오야붕'의 이미지를 가질 수 있었던 이유는 흔해 빠진 카리스마 때문이 아니라 끝 간 데 없는 포용력 때문이다. 나는 언제 어디서고 그가 자리한 곳의 좌중은 은근슬쩍 그의 것이 되고 마는 것을 보아 왔다. 키는 작지만 그는 '거인'이다.

술은 한 잔도 안 하는 사람인데 어느 술자리건 계산은 늘 자기가 잽싸게 하고는 당연한 척 태연하다. 거기에 하나 더 하자면, 무슨 자리든 밤 11시만 되면 어떤 일이 있어도 칼같이 자리를 뜬다. '오늘이 내일에 지장을 주어서는 안 된다.'는 것이 그의 생활신조이기 때문이다. 나는 30년 넘는 세월 동안 그가 실수를 하거나 실언을 하는 것을 본 적이 없다. 완고하리만치 자기절제가 몸에 배어 있고 게다가

술도 안 하는데 어떻게 그토록 폭넓은 주변관리를 할 수 있을까. 내 눈에는 이 점이 저자 오동희에 대한 미스터리의 핵심 중 하나로 비쳐왔다.

몇 년 전이던가? 남산 하얏트호텔에서 그의 아들 혼인식이 있었다. 다양한 하객들의 정중앙에 뜻밖에도 저 유명한 도올 김용옥 선생이 있었다. 그날 도올은 사회자이며 동시에 주례였고 '도올 방식의 전통과 현대가 만나는 독특한 혼례행사인 원맨쇼'의 주인공이었다. 천하의 도올 선생이 스스로 대중 앞에 서서 그토록 흥미진진한 이벤트를 3시간 넘게 신나게 진행하게 만들 수 있는 사람을 찾으라면 적어도 대한민국 안에서는 오동희가 유일하리라. 이날 축가는 아시아 제일의 재즈가수 웅산이 불렀다. 축제를 방불케 하는 하객들 중에는 전현직 국회의원, 유명 영화감독, 탤런트, 가수 등이 포함된 대중예술인들과 알 만한 디자이너, 특히 일류급 패션모델들이 많이 보였다.

오동희의 신화는 대학을 졸업하고 국제상사에 입사하면서부터 시작되었다. 당시 국내외에서 한창 이름을 날리던 종합상사의 본부장으로 일하면서부터 각 분야에서 특출한 능력과 혁혁한 업적을 인정받아 국제상사그룹 경영의 중심에 서 있었다. 먼저 종합상사라는 곳은 지구촌 구석구석 국제 상업무대를 뛰어다녀야 하는 전쟁터라는 사실을 전제해야 한다. 시장을 꿰뚫는 직관력, 배포와 기민한 판단력과 추진력을 바탕으로 한 발군의 실적행진은 그를 약관 35세의 나이에 국제상사 임원의 자리에 오르게 했다. 그 후 그가 직접 출시한 '프로스펙스' 브랜드 런칭의 성공 실화는 아직까지도 스포츠용품업계에서 신화로 남아 있다.

그는 눈치와 두뇌회전이 빠르고 간결 무쌍한 말씨 또한 빠르다. 매사 간단명료하고 간결한 대화의 비결은 오동희 특유의 촌철살인적인 비유법과 직설화법에 있다. 그를 처음 만나는 사람이라 할지라도 30분만 함께 앉아 있으면 그의 독특한 화법에 금세 매료되어 같은 편의 지기知己가 되고 만다.

30년 넘게 관찰한 자의 자격으로 말하건대, 어떤 경우에도 그는 남에게 피해를 주지 않는다. 손해를 보아도 자기가 보고, 경우의 수가 애매할 때는 상대방에게 유리한 고지를 슬쩍 양보하고 베푼다. '오야붕'의 그릇 크기인 동시에 그의 주변에 늘 선남선녀들이 많이 모이는 이유이기도 하다. 그는 매우 독특하고, 투명하고, 날카롭고, 따스하고, 넉넉하고 크다. 얼음과 불, 칼날과 비단결, 그 모두를 겸비하고 세상의 균형을 리드해 나가는 '오야붕'이다.

"오랜만에 얼굴 좀 보자."거나 "밥이나 먹자."고 그가 전화를 걸면, 왜냐고 토를 달거나 이유를 묻지 않고 냉큼 달려와 줄 사람들이 상당수다. 재벌도 정당인도 아닌 자연인이지만 '오야붕'의 오지랖이라면 그 정도는 되어야 한다. 그가 바로 오동희이다.

저자 오동희의 새로운 진면목은 이제부터 다시 시작이다. 고전古典으로 통칭되는 동서양의 방대한 철학 경구와 옛글의 명언들에 심취하면서 근 10여 년을 친지들에게 이메일로 보내 준 그의 옛글 탐구 행보가 이윽고 책으로 완성된 것이다.

한 장 한 장 넘길 때마다 읽는 이는 슬쩍 무릎을 치게 되고, 누웠던 이는 슬그머니 일어나 앉게 된다. 은근히 뒤통수를 얻어맞거나 이성의 사각지대를 찔리기 때문이다. 고전의 위대함은 짧은 글 속에서 책 한 권보다 더 크고 넓은 세상을 보게 하는 직설과 정곡을 찌르는 순결한 지혜의 힘 때문일 터이다.

한 마디로 현대인의 반듯한 삶을 위한 방대한 교과서로 저자가 살아온 실생활에서 얻은 경험을 토대로 책의 줄거리를 만들었기 때문에 그 어떤 책보다도 처세의 지혜를 구하는 현실성이 뛰어나다고 할 수 있다. 한 번뿐인 인생을 실수하지 않고 살고 싶은 이 시대의 청년들에게, 직장인들에게, 또 사회 각 분야에서 앞장서서 조직을 이끌고 나아가야 하는 리더들에게 이 책을 권하고 싶다.

---

*__이만재__는 우리나라 광고계의 제1세대 카피라이터이다. 서울카피라이터즈클럽(SCC) 회장을 역임했으며 대한민국광고대상 심사위원, 한국방송광고대상 심사위원, 공익광고 심의위원, 조선일보, 한겨레, 경향신문, 국민일보 광고대상 심사위원을 역임했다. 저서로 《실전카피론 1,2》, 《카피라이터 입문》, 《막쪄낸 찐빵》, 《카피라이터의 술잔》, 《서서 자는 사람들을 위한 축복》 등이 있다.

차례

1

중심에 서서
중심을 바라보라

나만 고집하면 세상이 모두 내 적이 되고, 나를 버리면 세상이 다 내 편이 된다.
한쪽으로 치우치지 않고 중심에 서서 중심(핵심)을 바라볼 수 있는 마음이
지혜로운 마음이다.

세상은
보는 대로 보인다

나만 고집하면 세상이 모두 내 적이 되고 나를 버리면 세상이 다 내 편이 된다. 한쪽으로 치우치지 않고 중심에 서서 중심(핵심)을 바라볼 수 있는 마음이 지혜로운 마음이다.

모든 것은 오직 내 마음이 만든다. ―**《화엄경》**

一切唯心造 일체유심조

장미꽃을 보고 아름다운 장미에 하필 가시가 있느냐고 불평하는 사람이 있는가 하면, 이런 가시넝쿨에서 아름다운 장미꽃이 피어났다고 감탄하는 사람도 있다. 아름다움과 추함, 그리고 행복과 불행은 늘 같은 곳에 상생하며 상존한다. 세상 모든 만물과 현상은 고정된 모습이 아니라 우리가 바라보는 시각과 기분에 따라 변한다.

어진 사람은 어떤 일을 보았을 때 어질다고 보고,
지혜로운 사람은 어떤 것을 보았을 때 지혜롭다고 본다.
즉 같은 사물이라도 보는 사람에 따라
시각이 다르고 견해가 다른 것이다. —《주역》
仁者見之謂之仁 知者見之謂之知 인자견지위지인 지자견지위지지

탈무드

어느 마을의 랍비에게 매일 노름으로 밤샘을 하는 사람이 있다는 진정이 들어
왔다. 이 말을 들은 랍비는 아무렇지 않다는 듯이 말했다. "잘하는 일이군. 그렇
게 밤샘을 하면 탈무드 공부와 하느님을 찬양하는 일에도 밤샘을 할 수 있을
테니까 말일세."

부정의 길은 좁지만 긍정의 길은 넓다. 삶과 일에 대한 긍정은 모든
것을 포용해 받아들이지만, 부정은 모든 것을 뿌리치고 거부한다.
긍정이란 관용의 자세이고 포용의 모습이다. 그래서 자기 자신에게도,
선한 이들이나 악한 이들에게도 나설 수 있는 길을 터 주는 것이다.

걸림돌과 디딤돌

길을 가다 돌이 나타나면 약자는 그것을 걸림돌이라 하고,
강자는 디딤돌이라고 한다. —**토머스 칼라일**[1]

---

[1] 토머스 칼라일Thomas Carlyle(1795~1881). 영국의 비평가, 역사가.

유대인들이 수천 년 동안 모진 시련을 겪으면서도 굴하지 않고 꿋꿋하게 버텨올 수 있었던 것은 그 밑바탕에 낙천적인 마음가짐이 존재하기 때문이다. 긍정적인 눈으로 세상을 바라보면 꽃동네로 보이고, 부정적인 눈으로 바라보면 매연이 자욱한 회색도시로 보인다. 세상은 각자의 마음의 눈에 따라 다르게 보이기 마련이다. 길을 가다가 돌에 부딪쳤을 때, 부정적인 사람은 걸림돌에 걸렸다고 불평하는 반면, 긍정적인 사람은 디딤돌로 쓸 생각을 한다. 세상은 각자의 생각에 따라 그 모습을 바꾼다.

> 부정적인 태도는 바람 빠진 타이어와 같다.
> 타이어를 갈아 끼우기 전에는 멀리 가지 못할 것이다. —**서양 속담**
> A negative attitude is like a flat tire,
> you're not going far until you change it.

　　세상은 빨간 안경을 쓰고 보면 빨갛게 보이고 파란 안경을 쓰고 보면 파랗게 보인다. 눈은 마음의 창일 뿐 세상은 내 마음이 보는 대로 존재하는 것이다. 자신이 관심이 있는 것에 뇌가 먼저 관심을 갖게 되고 그에 따라 시선도 집중된다. 내 마음 가는 대로 가고 내가 보는 대로 존재하기 때문이다.

> 세상의 넓고 좁음, 길고 짧음은 모두 내 마음이 만드는 것이다. —**〈채근담〉**
> 廣狹長短 由於心念 광협장단 유어심념

인간의 희로애락喜怒哀樂은 감정에 지나지 않고, 감정은 대상에 따라 좌우된다. 대상이 사라지면 감정도 사라진다. 내가 환하게 웃으면 세상도 환하게 웃고, 내 마음이 슬프면 세상도 다 슬퍼 보인다. 어둡고 때 묻은 마음을 닦아내고 깨끗한 마음, 맑은 눈으로 세상을 바라보면 세상은 아직도 참으로 아름다운 곳이다. 세상을 어떻게 보느냐에 따라 내 운명도 달라진다.

사람은 생각하는 대로 된다. —**서양 속담**
We become what we think about.

생각은 감정을 낳고, 감정은 행동을 낳고, 행동은 결과를 가져온다. 우리의 생각이 만사의 원인이고 뿌리이다. 그래서 우리는 생각한 대로 보고 또 행동한다. 부정적인 생각과 긍정적인 생각은 이미 뇌 속에서 선입견으로 정해지는 것이다. 승자가 즐겨 쓰는 말은 "다시 한 번 해 보자."이고, 패자가 즐겨 쓰는 말은 "해 봐야 별 수 없다."이다. 《탈무드》에 나오는 말이다.

청하는 곳에 얻음이 있고, 구하는 곳에 찾음이 있으며,
두드리는 곳에 활짝 열림이 있다. —**크리스토퍼 스마트**[2] 〈**다윗의 노래**〉
Where ask is have, where seek is find,
where knock is open wide.

---

[2] 크리스토퍼 스마트Christopher Smart(1722~1771). 영국의 시인. 종교시 〈다윗의 노래〉(1763)는 18세기 최고의 서정시로 일컬어진다.

오늘을
허비하지 말라

삶이란 단계마다 너무 빨리 지나가 버리고 순식간에 사라져 버린다. 후회하고 다투고 화를 내다 보면 이내 사라져 버릴 '지금'이라는 귀중한 시간을 허비하고 만다. '지금'은 그리 오래 지속되지 않음을 명심해야 한다. 내가 오늘 허비하고 있는 이 하루는 어제 죽은 사람이 그토록 살고 싶어한 하루였는지도 모른다. 랠프 왈도 에머슨[3]의 말이다.

현재 시간만이 인간의 것임을 알라. —**새뮤얼 존슨[4] 〈이레네〉**

Learn that the present hour alone is man's.

---

[3] 랠프 왈도 에머슨Ralph Waldo Emerson(1803~1882). 미국의 사상가, 시인.
[4] 새뮤얼 존슨Samuel Johnson(1709~1784). 영국의 시인, 평론가. 1755년 영국에서 처음으로 영어 사전을 편찬하였으며, 풍자시로 〈런던〉, 〈덧없는 소망〉이 있다.

스티브 도나휴Steve Donahue[5]는 "인생이란 특히 변화에 도전하는 시기에는 사하라 사막을 건너는 것과 같다."고 했다. 사하라 사막을 건너는 동안에는 언제 목적지에 다다를지 가늠할 수가 없듯이 우리의 인생도 많은 부분에서 사막을 건너는 모습과 흡사하다. 끝이 보이지 않고 길도 찾기 힘들어 오도 가도 못하는 신세가 되었다가 잡힐 듯 말 듯한 신기루를 좇아가기도 한다.

> 무엇이든 하고자 하는 사람은 능히 이루지 못하는 것이 없고,
> 무엇이든 얻고자 하는 사람은 얻지 못하는 것이 없다. ─《설원說苑》
>
> 無不爲者 無一能成也 무불위자 무일능성야
>
> 無不欲者 無一能得也 무불욕자 무일능득야

삶이란 집을 짓듯이 벽돌을 한 장 한 장 정성껏 쌓아가는 과정이다. 자식을 정성껏 기르고 돈을 모으고 신용을 쌓아가면서 개미가 부지런히 성을 쌓듯 평생 동안 자신의 명성을 쌓아가는 과정이 우리네 인생이다.

> 우리의 어제와 오늘은 우리가 쌓아올리는 벽돌이다. ─**헨리 롱펠로**[6]
>
> Our todays and yesterdays are the blocks with which we build.

---

[5] 《사막을 건너는 여섯 가지 방법》의 저자. 경영컨설턴트, 작가.
[6] 헨리 롱펠로Henry Wadsworth Longfellow(1807~1882). 미국의 시인.

우리네 삶은 흡사 등산과도 같다. 산은 스스로 오르는 자에게만 정복된다. 산을 오르는 동안 정상을 자주 올려다보지 말고 쉬지 않고 앞만 보고 꾸준히 오르다 보면 다른 사람보다 먼저 정상에 서게 된다. 가파른 산일수록 허리를 굽히고 겸손하게 올라야 쉽게 오를 수 있다.

삶의 가파른 오르막길을 힘겹게 오르는 여정은 고생 끝에 즐거움이 온다는 고진감래苦盡甘來의 과정인 것이다. 기쁨과 편안함을 가져다주는 모든 업業은 내 스스로 짓는 것이다.

오늘은 오직 한 번뿐 다시 오지 않는다. —서양 속담
Today comes only once and never return again.

《누구를 위하여 종은 울리나》, 《무기여 잘 있거라》, 《노인과 바다》 등으로 유명한 어니스트 헤밍웨이Ernest Hemingway는 "사람을 강하게 만드는 것은 사람이 하는 일이 아니라 그 일을 하고자 노력하는 마음이다."라고 했다.

스코틀랜드의 가난한 직공의 아들로 태어나 미국에서 철강왕이 된 앤드류 카네기Andrew Carnegie는 "내일은 없다고 생각하고 오늘을 살아라. 오늘이 내일이다."라고 했다. 요컨대 오늘을 어떻게 살았느냐가 내일을 결정짓는다는 말이다.

다가올 일은 가히 쫓아갈 수 있지만 지난 일은 돌이킬 수 없다. —《설원》
來事可追也 往事不可及 내사가추야 왕사불가급

적당히 어리석은 사람이
더 어리석다

"선무당이 사람 잡는다."는 속담이 있다. 능력이 모자라서 제 구실도
못하면서 남들을 속여 큰 일을 저지르는 것을 경계하는 말이다. 사
람의 마음속에는 다른 사람들로부터 인정받기 위해 정확하지도 않
은 지식을 남발하려는 본능이 숨어 있다. "가득 찬 항아리가 반쯤 찬
항아리보다 움직이기 쉽다."는 격언도 이와 같은 의미이다.

엉터리로 배운 사람은 아무것도 모르는 사람보다 더 어리석다. —**서양 속담**
A learned fool is more foolish than an ignorant one.

선불리 배우지 않으면 크게 미혹迷惑에 빠질 리 없고,
겉약지 않으면 크게 우매愚昧할 리 없을 것이다. —**《회남자》**〈설산훈說山訓〉
小不小學 不大迷 不大慧 不大愚 소불소학 부대미 부대혜 부대우

자기 자신만의 균형 있는 눈을 가진 사람은 어떤 상황에서도 흔들리지 않는다. 가짜에 속지 않을뿐더러 진짜에 현혹되지도 않는다. 자기 자신의 존엄성과 자존심을 지키는 길은 자신의 중심을 지키는 것이다.

유식한 멍청이는 무식한 멍청이보다 더 멍청하다.
—벤저민 프랭클린 〈가난한 리처드의 달력〉
A learned blockhead is a greater blockhead than an ignorant one.

탈무드

바닷속에 완전히 가라앉은 배는 항해하는 다른 배에 장애가 되지 않지만 절반쯤 물에 잠긴 배는 다른 배의 항해에 장애가 된다.

무엇을 알고자 하면 구체적으로 깊이 알아야 한다. 어설프게 알면 정확치 않은 판단력으로 목적과 수단이 맞지 않는 일을 하게 된다.

아는 것을 안다고 하고 모르는 것을 모른다고 하는 것
그것이 바로 아는 것이다. —〈논어〉
知之爲知之 不知爲不知 是知也 지지위지지 부지위부지 시지야

어리석은 자와
지혜로운 자

아무리 지혜로운 사람도 때로는 어리석은 사람보다 못한 분야가 있기 마련이고, 아무리 박학한 사람도 하찮은 사람이 알고 있는 것을 모를 때가 있다. 남 보기에는 무능해 보여도 각자 자신만의 독창적인 능력을 지닌 사람들이 이 세상 곳곳에 있다.

도적이 비록 소인이기는 하나 그 지모가 군자보다 나을 때가 있다. —《현문》

賊是小人 智過君子 적시소인 지과군자

천재는 해야 할 일을 하고 재주 있는 사람은 할 수 있는 일을 한다.
—오웬 메러디스[7] 〈다정한 이류 시인의 마지막 말〉

Genius does what it must, and talent does what it can.

---

[7] 오웬 메러디스Owen Meredith(1831~1891). 19세기 영국의 시인이자 정치가.

누구나 실수를 범할 수 있다.

하지만 어리석은 사람은 실수를 되풀이한다. ─키케로[8] 《카틸리나 탄핵》

Any man can make mistakes, but only an idiot persists in his error.

미숙한 사람은 매사에 처음부터 흠집 잡기에 골몰하고 작은 불행도 현미경으로 확대해 보지만, 성숙한 사람은 큰 불행도 망원경으로 들여다본다. 미숙한 사람은 자신의 과거를 바라보지만, 성숙한 사람은 미래를 내다본다. 미숙한 사람은 구름만 보지만, 성숙한 사람은 구름에 가려진 태양을 본다.

안다는 것은 어렵지 않지만 아는 것을 어떻게 대처하느냐는 어렵다. ─《한비자》

非知之難也 處知則難也 비지지난야 처지즉난야

미숙한 사람은 매사에 부정적으로 불평만 하지만, 성숙한 사람은 매사를 긍정적으로 변화시킨다. 미숙한 사람은 모든 상황을 심각하게 받아들이지만, 성숙한 사람은 모든 일을 긍정적으로 받아들인다. 미숙한 사람은 매사에 절망하고 실망하지만, 성숙한 사람은 매사에 희망과 가능성을 가지고 최선을 다한다.

---

[8] 키케로Marcus Tullius Cicero(BC 106~BC 43). 고대 로마의 문인, 철학자, 변론가, 정치가. 보수파 정치가로서 카이사르와 반목하여 정계에서 물러나 문필에 종사했다. 수사학의 대가이자 고전 라틴 산문의 창조자이다.

어리석은 사람은 나중에 깨닫고 현명한 사람은 처음부터 깨닫는다. —**서양 속담**

What the fool does at last, the wise man does at first.

어리석은 사람은 일이 다 되어도 모르고,

지혜로운 사람은 징조 전에 이미 안다. —**〈전국책〉**

愚者闇於成事 우자암어성사

智者見於未萌 지자견어미맹

지혜로운 사람은 움트지 않은 나무의 새싹이나 꽃망울만 보고도 그 나무가 무슨 나무인지, 그 열매가 어떤 것인지를 알아차리지만, 어리석은 사람은 무엇을 손에 쥐어 줘도 알아차리지 못한다.

항상 욕심 내지 않으면 그 오묘함(이치)을 볼 수 있고,

항상 욕심 내면 그 나타남(겉)만 볼 수 있다. —**〈노자도덕경〉**

常無欲以觀其妙 상무욕이관기묘

常有欲以觀其徼 상유욕이관기요

어떤 일이든 끝난 뒤에 방안을 내놓는 것은 큰 도움이 되지 않는다. 지혜로운 사람은 처음부터 그 기미를 알아차린다. 병에 걸린 뒤에야 건강의 소중함을 생각하고 어려움이 닥친 뒤에야 평안함이 행복이었다는 것을 아는 것은 뒤늦은 깨달음이다.

탁월한 지혜를 지닌 사람은 그 기미를 먼저 헤아리고 살핀다. —**〈채근담〉**

卓智之人 洞燭機先 탁지지인 통촉기선

어제가 오늘이 되고
오늘이 내일이 된다

18세기 프랑스의 미식가 장 브리야 사바랭은 "당신이 무엇을 먹는지를 말해 주면 당신이 어떤 사람인지 말해 주겠다."고 했다. 이미 '먹은 것'은 과거이고 과거를 알면 현재와 미래를 내다볼 수 있다는 뜻이다.

> 공자가 말하기를, 맑은 거울은 얼굴을 살피게 하고
> 지나간 일은 현재를 알게 한다. —**《명심보감》 〈성심편省心篇〉**
>
> 子曰 明鏡 所以察形 자왈 명경 소이찰형
> 往者 所以知今 왕자 소이지금

내가 산 어제가 오늘이 되고 오늘이 바로 미래가 되어 내일로 다가오는 것이 세상의 이치이고 순리다. 오늘 이 순간이 나의 과거가 되고 미래가 되는 것이다.

미래를 알려거든 먼저 지나간 일을 살펴보라. —《명심보감》〈성심편〉

欲知未來 先察已然 욕지미래 선찰이연

불교에서는 행위行爲를 업業이라 하고, 그 결과를 보報라고 한다. 전
생前生에 지은 업은 금생今生에 받고, 금생에 지은 업은 내생來生에, 내
생에 지은 업은 그 후래생後來生, 즉 다음다음 생에 받는다고 한다. 우
리가 어떤 행위, 즉 어떤 업을 쌓느냐에 따라서 받아야 할 업과業果가
미리 결정된다는 것이다.

현명한 사람은 미래를 마치 현재인 양 대비한다. —**푸블릴리우스 시루스**[9] 《잠언집》

The wise man guards against the future as if it were the present.

과거는 이미 존재하지 않고 미래는 아직 닥치지 않았으므로 존재
하는 것은 오직 현재뿐이다. 가장 중요한 것은 현재다. 왜냐하면 사
람이 자기 자신을 통제할 수 있는 시간이 현재이기 때문이다. 가장
중요한 사람은 현재 당신이 무슨 이유에서든지 관계하고 있는 그 사
람이다. 왜냐하면 이후에도 그 사람과 관계를 유지하게 될지 어떨지
를 모르기 때문이다. 가장 중요한 일은 현재 무슨 이유로든지 관계
하고 있는 사람들을 모두 사랑하는 일이다. 왜냐하면 사람은 오직
사랑하기 위해서 이 세상에 태어났기 때문이다. —**톨스토이**

---

[9] 푸블릴리우스 시루스Publilius Syrus(BC 85~BC 43). 고대 로마시대의 저명한 명언·명구 작가.

미래는 현재에 의해서만 얻어진다. —**새뮤얼 존슨**

The future is purchased by the present.

사람은 먹는 것에 따라서 체질도 바뀌고 건강해질 수도 병에 걸릴 수도 있듯이, 그 사람이 오늘을 어떤 생활태도로 어떻게 사느냐에 따라 내일의 행복과 불행이 결정된다. 내가 오늘 어떻게 살고 있는가가 나의 미래이고 결과적으로 국가의 장래도 결정되는 것이다.

국회에서 청문회가 열릴 때마다 고위직 인사들의 지나간 흠결들이 하나둘 드러나고 망신을 당하는 일을 보게 된다. 이것이 바로 어제가 오늘이고 오늘이 내일이 되는 것이다.

오늘을 성실히 살아서 내일을 빛내라. —**엘리자베스 브라우닝**[10]

Light tomorrow with today.

오늘의 일이 의심쩍거든 옛 역사에 비추어 보라.
미래의 일을 알지 못하겠거든 과거에 비추어 보라. 모든 일의 발생과 현상은
그 형태나 과정에선 다르지만, 결국 그 귀결되는 점이 같음은 고금古今을
통하여 변함이 없다. —**〈관자〉〈형세편〉**

疑今者察之古 不知來者是之往 의금자찰지고 부지래자시지왕

萬事之生也 異趣而同歸 古今一也 만사지생야 이취이동귀 고금일야

준비된 자는
어려울 때 빛난다

뛰어난 실력을 쌓아 놓으면 언젠가는 발휘할 기회가 온다.

> 배가 뒤집혔을 때 비로소 수영 실력을 알 수 있고,
> 말이 달릴 때 말 다루는 솜씨를 알 수 있다. —〈회남자〉
> 舟覆乃見善游 馬奔乃見良御 주복내견선유 마분내견양어

탈무드 **노래 부르는 백조**

어느 부자가 백조와 거위를 키웠다. 백조는 노랫소리 때문에 키웠고 거위는 식탁에 올리기 위해서 키웠다. 어느 날 밤 주인이 거위를 잡으러 갔다가 어두워서 구별을 못해 그만 백조를 잡고 말았다. 백조는 주인의 손에 잡히는 순간 슬퍼서 노래를 불렀다. 주인은 그 목소리를 듣고 백조를 살려 주었다.

_준비된 자는 어려울 때 빛난다.

내공이 있는 사람은 어려운 상황이 발생하면 그동안 쌓아온 실력과 잠재적 에너지가 상승작용을 하여 능력을 발휘하게 된다.

편안하게 있을 때 위태로움을 생각하고,
앞으로 잘 나아갈 때 물러날 때를 생각해야 한다. —**〈채근담〉**
居安思危 處進思退 거안사위 처진사퇴

다른 사람의 위기가 나에게는 기회이다. 세상만사 준비만 잘 해놓으면 전세를 뒤집을 절호의 기회는 언제든 찾아오기 마련이다. 그러나 아무 대책도 목표도 없는 사람에게는 그가 무엇을 원하는지 알지 못하기 때문에 기회조차 주어지지 않는다. 한마디로 미래가 없는 것이다. 난세에 영웅이 난다는 말처럼 평소에 준비가 되어 있는 사람, 즉 내공이 있는 사람은 어려운 상황이 닥쳐오면 그동안 쌓아 온 남다른 실력과 잠재적 에너지를 발현한다.

부유할 때 가난을 염두에 두고, 젊었을 때 노년을 생각하라.
나이가 비록 어릴지라도 염려는 일찍 서둘러야 한다. —**〈설원〉**
富必念貧 長必念老 부필염빈 장필염로
年雖幼少 慮之必早 연수유소 여지필조

2
준비된 자가
성공한다

기초와 기본에 충실하라. 성공하는 사람들은 바닥부터 차근차근 성실하게 시작한다.
뿌리 깊은 나무는 바람에 흔들리지 않고, 샘이 깊은 물은 가뭄에도 마르지 않는다.
어느 분야에서나 기초와 기본이 튼튼해야 주체가 되고 주인이 될 수 있다.
바탕이 부실한 사람이 큰 일꾼이 되는 경우는 없다.

성공하는 사람은
그릇이 크다

군자란 학식과 덕망을 겸비하고 능력과 기량이 제한되지 않은 사람을 말한다. 해박한 지식과 정확한 판단력, 넉넉한 마음과 후한 심성을 가지고 있으며 용량이 제한되지 않은 사람이다.

군자란 그릇이 제한되지 않는다. ―《논어》

君子不器 군자불기

그릇이란 무엇을 담는 한정적인 용기이다. 일정 용량만 담으면 그 이상 담을 수가 없다. 감나무와 고욤나무는 모두 감나무과이지만 고욤나무에는 아주 작은 고욤이 열리고 감나무에는 큰 감이 열린다. 타고난 열매, 즉 그릇이 다른 것이다.

알을 갓 깨고 나온 도마뱀과 새끼 악어는 크기가 비슷하고 별 차이가 없어 보인다. 오히려 어린 도마뱀이 더 민첩하다. 그러나 1년 후 살펴보면 그 차이는 확연하다. 도마뱀은 그 크기에 차이가 없지만 악어는 방 안에 꽉 찰 정도로 커 있다. 타고난 DNA가 다른 것이다.

성공하는 사람의 기본조건

첫째, 업무 능력과 창의력Competence & Creativity

책무에 필요한 전문지식과 업무 수행 능력, 아울러 미래를 내다보는 창의력이 있어야 조직 발전에 기여할 수 있다.

둘째, 정직성과 충성심Honesty & Loyalty

정직한 업무 처리 자세와 조직에 대한 충성심이 성공의 중요한 포인트다. 아무리 지식이 많고 능력이 있다 하더라도 조직을 해하는 사람이나 정직하지 못한 사람은 오히려 능력이 다소 부족하더라도 정직하고 충성스런 사람만 못하다.

셋째, 조직력과 지도력Organizing ability & Leadership

조직원을 화합시켜 조직이 가야 할 곳으로 조직 전체의 힘을 집중시키는 것이 조직력이고, 그 목표를 향하여 조직을 이끌어 가는 능력이 지도력이다.

넷째, 비전과 그릇Vision & Capacity

미래의 발전을 위하여 보이지 않는 목표를 향해 그 길을 찾아가는 것이 비전이다. 리더는 해당 조직을 감당하고 이끌어 갈 수 있는 용량, 즉 포용력을 가져야 한다.

주머니가 작으면 큰 것을 넣을 수 없고,

두레박 끈이 짧으면 깊은 물을 뜰 수가 없다. —〈장자〉

褚小者不可以懷大 저소자불가이회대

短者不可以汲深 단자불가이급심

조직 구성은 접시를 쌓는 것과 같다. 즉 큰 그릇capacity 위에 작은 그릇을 쌓아야 마찰 없이 능률적인 조직 활동이 가능하다. 이와 반대로 작은 접시 위에 큰 접시를 쌓는다면 움직일 때마다 아래위 접시가 깨지기 쉽다. 즉 능력이 부족한 상사가 조직을 쇠퇴시키는 것이다. 그릇이 큰 사람이 국가의 지도자가 되고 지자체의 장이나 최고의 CEO가 되어야 나라도 발전하고 기업도 성장한다.

성공의 크기는 열망의 깊이에 좌우된다. —서양 속담

The size of your success depends on the depth of your desire.

물이 얕으면 물고기가 달아나고,

나무가 높으면 새가 둥지를 튼다. —〈설원〉

水淺者魚逃之 수천자어도지

樹高者鳥宿之 수고자조숙지

성공과 실패는
나아가는 길에 달려 있다

"인간은 성공하거나 실패하는 데 정신을 쏟고 산다. 한쪽은 성공자가 되기 위하여 정신을 쏟고, 또 한쪽은 실패자가 되기 위하여 정신을 쏟는다. 그 차이는 어느 쪽에 영혼을 쏟고 있느냐에 달려 있다." 《기적을 만드는 마인드 파워》의 작가 댄 카스터의 말이다.

운명은 기회의 문제가 아니라 선택의 문제이다.
그것은 기다려서 되는 것이 아니라 성취해 가는 것이다. —월리엄 제닝스 브라이언[1]
Destiny is not a matter of chance; it is a matter of choice.
It is not a thing to be waited for, it is a thing to be achieved.

---

[1] 월리엄 제닝스 브라이언William Jennings Bryan(1860~1925). 미국의 정치가로 41대 국무장관을 지냈다.

사람은 누구나 재능을 가지고 태어난다. 스스로 자신은 재능이 없다고 비관하는 사람도 그 재능이 어떤 것인지 깨닫지 못할 뿐이고, 재능이 없는 것은 아니다. 자신의 내면에 잠재된 재능을 찾아내어 부단히 갈고닦아야 한다. 시도해 보지도 않고 재능을 묻어 버리는 것은 인생에 있어서 커다란 실수다. 내 몫으로 주어진 것을 마음껏 누리지 못하고 생을 마감한다는 것은 불행한 일이다.

개미는 텅 빈 창고를 향해 가지 않는다. —오비디우스 〈비가悲歌의 시집〉
Ants never bend their course to an empty granary.

잠재된 재능을 깨우기 위해서는 어떤 일을 시도해 보거나 직업을 가져야 한다. 시도해 보지 않으면 자신에게 어떤 재능이 숨어 있는지 어떻게 알 수 있겠는가. 마음에 들지 않더라도 어떤 일이든 일단 시작해 봐야 여러 과정을 거치면서 비로소 자신에게 가장 맞는 일이 무엇인지 찾을 수 있다. 찾아내어 노력해서 성공하면 행복해지는 것이다.

아무도 해 보기 전에는 자기가 무엇을 할 수 있는지 알지 못한다.
—푸블릴리우스 시루스 〈금언집〉
No one knows what he can do till he tries.

내가 행복할 수 있는 직업을 찾는 것은 보물찾기와 같다. 내가 찾고 있는 보물은 세상 밖에 있는 것이 아니라 내 안에 있다.

주인처럼
일하라

주인처럼 일하면 주인이 되고 머슴처럼 일하면 머슴이 된다. 당나라 때의 불교 서적인 《임제록臨濟錄》[2]에는 다음과 같은 글이 있다.

가는 곳마다 주인이 되라. 네가 서 있는 곳이 모두 참된 자리다.

隨處作主 立處皆眞 수처작주 입처개진

내가 서 있는 곳이 낙원이다. —볼테르[3]

Paradise is where I am.

현재 서 있는 자리나 집단에서 인정받고 최고가 되면 더 큰 곳에

---

[2] 중국 불교 임제종臨濟宗의 개조 의현義玄(?~867)의 법어法語를 수록한 책.
[3] 볼테르Voltaire(1694~1778). 본명은 François Marie Arouet. 18세기 프랑스의 작가, 대표적 계몽사상가. 대표작으로《자디그》(1747),《루이 14세의 세기》(1751) 등이 있다.

서도 성공할 수 있다. 아이는 아이답게, 학생은 학생답게, 부모는 부모답게, 스승은 스승답게, 종교인은 종교인답게, 지도자는 지도자답게 자신의 직분에 임해야 한다. 모두가 제자리에서 주인이 되어 본분에 맞게 묵묵히 자신의 책임과 일을 충실히 할 때 살기 좋은 세상이 된다는 것이 수처작주隨處作主의 참뜻이다.

네가 현재 서 있는 곳에서,
네가 가진 것으로, 네가 할 수 있는 최선을 다하라. —테오도어 루스벨트[4]
Do what you can, with what you have, where you are.

군자는 현재의 처지에서 행하고 그 외의 것은 원치 않는다. —《중용》
君子素其位而行 不願乎其外 군자소기위이행 불원호기외

어떤 경우에도 제 분수를 지키며 만족할 줄 아는 것이 안분지족安分知足이다. 세상 사람들이 자기 분수를 알면 다투고 싸우지 않는다. 제 분수를 모르기 때문에 싸우는 것이다.

나는 사람이 자기 일에 즐거워하는 것보다 더 나은 것이
없음을 보았나니 이는 그것이 그의 몫이기 때문이라. —《전도서》 3:22
So I saw that there is nothing better for a man than
to enjoy his work, because that is his lot.

---

[4] 테오도어 루스벨트Theodore Roosevelt(1858~1919). 미국의 제26대 대통령. 1907년 노벨평화상을 수상하였다.

기본에
충실하라

기초, 기본, 근본, 뿌리, 바탕, 원리, 원칙 등 기본요건을 영어로 'fundamentals'라 하는데, 이는 가장 밑바닥을 지칭하는 것이다. 학생은 기초공부가 부족하면 다음 학년에 올라가서 따라가기가 힘들고, 운동선수는 기본기가 부실하면 운동을 계속할수록 잘못된 방향으로 가게 된다. 사업도 바닥부터 차근차근 내실 있게 근본을 튼튼히 하며 본업에 충실해야 성공할 수 있다.

뛰기 전에 걷는 것부터 배워라.

인생은 오르막길과 내리막길의 연속이다. —**서양 속담**

Learn to walk before you run.

Life is full of ups and downs.

자기 분야에서 기초와 기본이 튼튼해야 주인이 될 수 있는 법이다. 뿌리 깊은 나무는 바람에 흔들리지 않고, 샘이 깊은 물은 가뭄에도 마르지 않는다. 어느 조직에서나 기초와 기본이 약한 사람은 조직의 주인이나 큰 일꾼이 될 수 없다.

> 무거운 것이 가벼운 것의 뿌리가 되고 조용한 것이
> 조급한 것의 주인이 된다. 가볍게 처신하면 그 근본을 잃게 되고
> 조급하게 행동하면 지도자의 자리를 잃게 된다. **—〈노자도덕경〉**
>
> 重爲輕根 靜爲躁君 중위경근 정위조군
> 輕則失本 躁則失君 경즉실본 조즉실군

　무겁다는 것은 기초나 기본이 탄탄하여 뿌리가 깊고 실력이 있다는 말이다. 무거운 돌은 강물에 던지면 강바닥에 그대로 가라앉지만, 나무조각과 같이 가벼운 것은 강에 던지면 잠깐 사이에 어디론가 흘러가 버린다. 못자리 볍씨를 물에 담갔다가 그 위로 뜨는 것을 걷어내는 까닭은 가벼운 것은 속이 비어 싹이 트지 못하고 뿌리가 나지 않기 때문이다.
　바람보다 가벼운 사람이 있는가 하면 돌보다 무거운 사람이 있다. 가볍고 무겁다는 것은 마음의 무게이며 말과 행동으로 나타난다. 말과 행동은 겸손함과 경솔함으로 나타난다. 겸손은 인생의 좋은 약이요, 경솔은 인생을 해롭게 만드는 독이다.

기본이 부실하면
오래 가지 못한다

전심전력으로 공을 들여야 할 일은 소홀히 하고, 뒤에 공을 들여도 될 일에 힘을 쏟는 것은 어리석은 행동이다. 기초와 기본이 부실하고 자기수양도 되어 있지 않은 상태에서 차지하게 된 사회적 지위나 신분은 껍데기에 불과한 사상누각砂上樓閣과도 같다.

그 근본이 혼란한데 말단(목표)이 이뤄지는 경우는 없으며,
두텁게 해야 할 것을 엷게 하고 엷게 할 것을 두텁게 하는 경우는 없다. —《대학》
其本亂 而末治者 不矣 기본란 이말치자 불의
其所厚者薄 而其所薄者厚 未之有也 기소후자박 이기소박자후 미지유야

모범이 되고 남을 이끌어야 할 위치에 있으면서 오히려 남보다 못한 자질과 행실로 개인의 욕심만 차리는 사람은 근본이 부실한 자이다.

근본이 견고하지 못한 사람은 그 끝이 반드시 위태로워지고,
근원이 흐린 사람은 그 흐름이 맑을 수가 없다. —《묵자》〈수신편修身篇〉
本不固者 末必幾 原濁者 流不淸 본불고자 말필기 원탁자 유불청

다음은 정신상태가 썩어 쓸모없는 사람에 대해 비유한 말로, 사람이나 일이나 근본이 썩어 버리면 전부가 뒤틀려 손조차 쓸 수 없고 다시 세울 수 없다는 말이다.

썩은 나무에는 조각을 할 수 없고,
썩은 거름흙으로 된 담장은 흙손질을 할 수 없다. —《논어》
朽木 不可雕也 糞土之牆 不可杇也 후목 불가조야 분토지장 불가오야

밭에 곡식이 반, 잡초가 반이면 어느 정도 농사를 지을 수 있다. 하지만 잡초가 절반을 넘어 버린다면 그 해 농사는 망친 것이다. 일이든 사람이든 전부 잘못된 것은 쉽게 고치기가 어렵다. 그래서 기본이 중요한 것이다.

전부 구부러져 있으면 바로잡을 수 없고,
전부 잘못되어 있으면 고칠 수 없다. —《회남자》
衆曲不容直 衆枉不容正 중곡불용직 중왕불용정

바닥부터
시작하라

바닥이란 실력의 기초, 기본뿐만 아니라 겸손까지를 의미한다. 여기서 겸손이란 자신을 내세우지 않고 바닥까지 낮추는 태도이다.

밑바닥 일이란 가장 귀찮은 일, 남들이 꺼리는 일로 소위 3D(dirty, difficult, dangerous)에 속하는 일을 말하는데, 이 일들이 기본을 튼튼하게 만드는 뿌리가 된다.

높이 오르려면 반드시 바닥부터 시작하고,

멀리 가고자 하면 반드시 가장 가까운 곳부터 시작하라. ―〈현문〉

若登高必自卑 若涉遠必自邇 약등고필자비 약섭원필자이

가장 높은 곳에 도달하려면 가장 낮은 곳부터 시작하라. ―푸블릴리우스 시루스

If you wish to reach the highest, begin at the lowest.

남보다 먼저 더 멀리 내다보려고 까치발을 딛고 서서 아무리 용을
써도 이내 주저앉게 된다. 자연은 무위無爲하므로 어떠한 조작造作도
허락하지 않는다. 땅바닥에 발을 딛고 서야 오래 설 수 있다. 잔재주
부리지 말고 자연스럽게 살아가라는 충고다.

> 발뒤축을 들고 발가락으로 서 있는 사람은 오래 서 있을 수 없고,
> 발걸음을 성큼성큼 내딛어 걷는 사람은 멀리 가지 못한다. —《노자도덕경》
> 企者不立 跨者不行 기자불립 과자불행

왕은 백성이 존경하고 따라야 권좌에 편안하게 앉아 있을 수 있고,
고층빌딩은 기초공사가 튼튼해야 바로 서 있을 수 있다. 강과 바다
가 모든 골짜기의 왕이 되는 것은 아래로 흘러내리기 때문이다.[5]
큰 것이 아래에 있고 작은 것이 위에 있으면 큰 것이 작은 것의 왕이
된다. 이것이 자연自然의 도道인 것이다.

> 큰 나무도 작은 가지에서 시작되고, 9층탑도 작은 벽돌 한 장씩 쌓아
> 올리는 데서 시작되고, 천리 길도 한 걸음부터 시작된다. —《노자도덕경》
> 合抱之木 生於毫末 합포지목 생어호말
> 九層之臺 起於累土 구층지대 기어누토
> 千里之行 始於足下 천리지행 시어족하

---

[5] 江海所以百谷王者강해소이백곡왕자 以其善下之이기선하지

사심 없이
일하라

사회 어느 분야에서나 공적인 일을 처리함에 있어서 사적인 목적이
나 감정을 가지고 일을 처리하면 결국 그 일을 그르치게 된다.

일을 처리함에 있어서 사심이 있어서는 안 된다. —《송명신언행록》

處事不可有心 처사불가유심

지도자는 앞선 비전과 실현 가능한 꿈을 따라가는 사람이어야 한
다. 특히 한 국가나 조직의 지도자는 매사에 사심 없이 일을 공명정대
하게 집행해야 한다. 그러면 자연히 대중이 따르고 지지를 받게 된다.

욕심이 생기면 강직함이 없어진다. —《근사록》

有欲則無剛 유욕즉무강

많은 사람이 의심한다고 자신의 의지를 굽히지 말고,
자신만의 의견으로 남의 말을 버리지 말라. 작은 사은私恩을 베풀기 위해
큰일을 해치지 말고 공론을 빌어 사사로운 일을 해결하지 말라. —《채근담》

母因群疑而阻獨見 母任己意而廢人言 무인군의이조독견 무임기의이폐인언

母私小惠而傷大體 母借公論而快私情 무사소혜이상대체 무차공론이쾌사정

공적인 일을 처리할 때는 공정한 판단 기준에 따라야 한다. 어떤
일이든 사적인 일을 정당한 것 같이 슬그머니 합법적인 것처럼 처리
하지 말라는 뜻이다.

군자는 굳게 바른 길을 가고 작은 신의에 얽매이지 않는다. —《논어》

君子貞而不諒 군자정이불량

아래의 글은 인도 뉴델리 공항의 출입국장에 걸려 있는 액자 속의
글로, 영국의 식민통치에 저항하여 비폭력, 무저항 운동으로 인도의
독립운동을 지도한 간디의 명언이다.

사심 없는 행동은 힘의 원천이다.
그와 같은 행동은 하느님을 섬기는 일이기 때문이다. —마하트마 간디

Selfless action is a source of strength,

for such action is the worship of God.

단면을 보지 말고
전체를 보라

하나는 알고 둘은 모른다는 말은 사물의 한 단면만 보고 전체를 파악하지 못한다는 뜻이다. 편견에 사로잡히면 늘 우를 범하게 된다. 한쪽만 보고 전체를 보지 못하면 얻는 것보다 잃는 것이 더 많아진다. 전체를 파악한다는 것은 원인과 결과, 시작과 끝, 전후좌우, 그리고 전체와 부분을 같이 보는 것이다.

지혜로운 사람이 바르게 판단하는 것은
이해利害를 동시에 생각하기 때문이다. —《손자》

智者之慮 必雜利害 지자지려 필잡이해

일에는 순서order가 있기 마련이고 순서가 곧 방법know-how이요, 길이다. 앞과 뒤가 있고 처음과 나중이 있다. 처음과 나중을 구별할 줄 알면 도道에 가깝다. 처음과 나중을 모르니 중간 단계를 거칠 수가 없다. 중간 단계가 생략되니 일이 엉망진창이 되고 만다.

시작하기 전에 끝을 생각하라.

Think of the end before you begin. —서양 속담

이솝우화 애꾸눈 사슴

한쪽 눈이 먼 사슴이 풀을 뜯기 위해 바닷가로 갔다. 성한 눈은 사냥꾼들을 경계하기 위해 육지 쪽으로 향하고, 안 보이는 눈은 바다 쪽을 향했다. 바다로부터는 위험이 닥치지 않을 거라고 생각한 것이다. 그런데 때마침 배를 타고 지나가던 사냥꾼들이 사슴을 발견하고는 길을 바꾸어 사슴을 향해 활을 쐈다. 사슴은 죽어가며 이렇게 말했다. "육지만 위험한 줄 알았더니 바다가 더 위험할 줄이야."

_단면을 보지 말고 전체를 보라.

사물의 단면만 보고

전체를 보지 못하는 것은 큰 병폐이다. —《순자》

人之患 蔽於一曲闇於大理 인지환 폐어일곡암어대리

선명한 비전과
분명한 목표를 세워라

비전은 궁극적으로 달성하고자 하는 미래의 모습을 상징화한 것이다. 목표나 전략이 분석적인 탐구에 의한 것인 데 비해, 비전은 믿음의 길이라고 할 수 있다. 비전은 지속적이고 강력하게 동기를 유발시켜 우리 안에 있는 잠재력을 발동시켜서 보이지 않는 길을 보고 찾아가는 것이다.

> 비전은 보이지 않는 것을 보는 예술이다.
> Vision is the art of seeing the invisible. —**조너선 스위프트**[6]

성공한 이들의 공통점은 지志와 근勤을 갖추었다는 것이다. 지志란

---

[6] 조너선 스위프트Jonathan Swift(1667~1745). 영국의 풍자작가 겸 성직자, 정치평론가. 주요 저서로 《걸리버 여행기》(1726) 등이 있다.

의지意志이며 요지부동의 목표이다. 아무리 훌륭한 목표라도 그 목표를 달성하려는 부지런함勤이 따라 주지 않으면 소용이 없다.

아무 노력 없이 저절로 이루어지는 일은 없다.

Nothing can be accomplished without effort. —서양 속담

물방울이 돌에 구멍을 내고(水滴石穿 수적석천), 도끼를 갈아 바늘을 만들고(磨斧作針 마부작침), 노인이 산을 옮겨 놓는(愚公移山 우공이산) 것처럼 멈추지 않는 것이 바로 근勤이다. 성공한 사람에게 지志와 근勤은 수레의 양 바퀴와 같다.

뜻을 가지고 있는 사람은 아무리 어려운 일도 해낼 수 있다. —《후한서》

有志者事意成 유지자사의성

벤저민 디즈레일리[7]는 "성공의 비결은 목적의 불변에 있으며, 하나의 목표를 향해 꾸준히 걸어간다면 성공은 반드시 따라온다."고 했다. 실패한 사람들의 대다수는 깊이 생각하지 않고 준비가 부족한 상태에서 시작을 서두른다.

훌륭한 일을 이루려면 큰 목표와 지속적인 노력이 필요하다. —《서경》

功崇惟志 業廣惟勤 공숭유지 업광유근

---

[7] 벤저민 디즈레일리Benjamin Disraeli(1804~1881). 영국의 정치가, 소설가. 빅토리아 여왕 시대에 수상을 두 번 역임했고, 오늘날의 보수당의 기틀을 확립했다.

성공의 비결은
화합에 있다

맹자는 '왕도론王道論'에서 인화人和를 강조했다.

천시天時는 지리地利를 따르지 못하고
지리는 인화人和를 따르지 못한다.

天時不如地利 地利不如人和 천시불여지리 지리불여인화

　하늘이 주는 좋은 때는 지리적 이로움만 못하고, 지리적 이로움은
사람의 화합만 못하다. 즉 하늘의 운은 땅의 이로움만 못하고, 땅의
이로움은 사람들의 화합된 마음만 못하다는 말로, 인화가 제일 중요
한 요소라는 뜻이다.

예를 행할 때 화목(조화로움)을 귀하게 여긴다. —〈논어〉

禮之用 和爲貴 예지용 화위귀

중국을 이해하려면 공자의 사상을 이해하는 것이 중요하다. 중국 고대의 경전에 자주 등장하는 화和는 화목과 평화, 화합을 가리키고, 합合은 결합과 융합, 협력을 가리킨다. 화합和合이란 조화와 협력을 뜻한다.

중국은 공자와 유가사상의 화합을 국가 통치이념으로 삼고 있으며 세계 외교무대에서도 화합의 정신을 제창하고 있다. 후진타오 주석은 2005년 4월 자카르타에서 열린 아시아·아프리카 정상회의에서 두 지역 국가들이 "서로 다른 문명세계로서 우호적으로 공존하고 평등하게 대화하며 함께 번영 발전하는 화합의 세계를 공동 건설하자."고 역설했다. 국제무대에서도 '화합의 세계' 이념을 처음으로 제기한 것이다.

> 먼저 마음을 모아 화합한 후에 큰 일을 도모하라. ―《오자병법》
> 先和而後大事 선화이후대사

화합은 커뮤니케이션, 즉 교감이다. 남녀가 사랑할 때 쌍방이 동시에 행복감을 느끼는 것이 교감交感이고, 일방적으로 한쪽만 느끼고 다른 한쪽은 느끼지 못하는 것이 불감不感이다. 교감이야말로 화和, 즉 하모니harmony의 바탕인 것이다.

준비는
성공의 기본이다

"기회는 준비하는 자에게 찾아온다." 파스퇴르의 명언이다. 성공하는 사람은 매사에 치밀하고 깊이 파고들어 중요한 것을 발견하고 준비한다. 때로는 자기가 생각하지 못한 것은 없는지 다시 살펴보고 전문가에게 조언을 구하기도 한다. 이처럼 성공하는 사람은 지혜로운 길을 찾아간다. 시작은 성대한데 마지막은 실패로 끝나는 사람은 겉은 화려한데 그 속(근본)이 부실한 경우다.

> 군자는 일을 시작할 때 준비를 단단히 하고 시작한다. —**〈역경〉**
>
> 君子 以作事謀始 군자 이작사모시

성공에는 반드시 두 가지 요소가 필요하다. 바로 준비와 노력이다. 이를 통하여 목표를 달성하는 데 필요한 지혜를 찾아내는 것이다.

성공의 관건은 자신을 스스로 강해지도록 준비하는 데 있다. 끊임없이 준비하는 자만이 성공할 수 있는 것이다.

> 준비를 잘한 일은 성공하고 준비가 부족하면 실패한다. —**〈중용〉**
> **事豫則立 不豫則廢** 사예즉립 불예즉폐

다음은 춘추시대 제齊나라의 사상가이자 정치가인 관중이 지은 《관자管子》에 나오는 말이다.

> 준비를 갖추어 놓고 때를 기다리며
> 때가 이르렀을 때 일을 성사시켜라.
> **以備待時 以時興事** 이비대시 이시흥사

충분한 준비 없이 시도하면 성공하기 어렵고, 애써 준비했어도 적기에 시작하지 않으면 실패하기 쉽다. 막연히 우연에 의한 행운을 기다리지 말라. 인생에서는 한두 번의 결정적인 기회가 반드시 찾아오므로 평소에 준비해야 한다.

> 오래 움츠려 있던 새가 반드시 높이 날고 먼저 핀 꽃은 홀로 일찍 지니
> 이런 이치를 알면 발을 헛디딜 걱정도 없을 것이고
> 조급한 마음도 사라지고 말 것이다. —**〈채근담〉**

伏久者飛必高 開先者謝獨早 복구자비필고 개선자사독조

可以免蹭蹬之憂 可以消躁急之念 가이면층등지우 가이소조급지념

    다방면으로 다재다능한 사람보다는 한 우물을 끝까지 파는 사람이 세상의 빛과 소금이 된다. 즉 자기 자신이 하고자 하는 일에 대하여 한눈팔지 않고 열정적으로 꾸준히 준비하고 힘을 길러 끝까지 그 하나만을 밀고 나가는 사람이야말로 결국은 그 분야에서 독보적인 성공을 거두어 세상에 우뚝 서게 된다는 말이다.

탈무드 **준비하는 사람의 행복**

왕이 하인 둘을 만찬회에 초대했다. 하지만 만찬회가 언제 열리는지는 알려주지 않았다. 그 중 현명한 하인은 이렇게 생각했다. "임금님이 말씀하신 일이니 만찬회는 틀림없이 열릴 거야. 만찬회에 참석할 수 있도록 만반의 준비를 해야지." 그러곤 궁궐 문 앞에 가서 기다렸다. 한편, 어리석은 하인은 이렇게 생각했다. "만찬회 준비를 하자면 시간이 걸릴 거야. 열리려면 아직도 멀었어." 그러곤 아무런 준비도 하지 않았다. 이윽고 만찬회가 열리자 현명한 하인은 곧 참석하여 맛있는 음식을 먹었다. 하지만 어리석은 하인은 참석조차 하지 못했다.

일을 시작할 때는 의심나는 것을 확인하고 만전을 기하라. —《서경》

疑謀勿成 의모물성

감사할 줄 알아야
성공한다

작은 일에도 감사할 줄 아는 사람이 성공한다. 감사感謝란 말 그대로
고마움을 기억하는 것이다. 우리 사회는 전반적으로 감사하는 마음
보다는 불평불만으로 가득 찬 감사결핍증의 사회인 듯하다. 유대교
의 성전聖典《탈무드》에 "혓바닥舌이 감사합니다라는 말버릇이 들기
전에는 아무 말도 하지 말라."는 가르침이 있다.

감사한다는 것은 신神에게 감사하든 사람에게 감사하든 물건에 감사
하든, 상대를 소중하게 여긴다는 의미이다. 사람도 나를 존중해 주는
사람을 좋아하게 되듯이 복도 행복도 존중해 주는 사람에게 찾아온다.

감사는 마음의 기억이다. —**장 마시외**[8]

Gratitude is the memory of the heart.

---

[8] 장 마시외Jean Baptiste Massieu(1742~1818). 프랑스의 성직자.

우리 속담에 "주면 줄수록 양양댄다."는 말이 있다. 고마워할 줄 모르는 사람을 두고 하는 말이다. 매사에 불평불만을 일삼는 사람에게는 어두운 불행만이 찾아든다.

> 감사할 줄 아는 마음은 돈으로 살 수 없는 것 중의 하나이다.
> 그것은 타고나야지, 이 세상의 어떤 것으로도 창조할 수 없다. —핼리팩스[9]
>
> Gratitude is one of those things that cannot be bought.
> It must be born with men, or else all the obligations in the
> world will not create it.

감사하는 마음은 고마운 감정과 아주 특별한 생각들을 마음속 깊이 갖는 것이다. 누군가가 당신에게 무언가를 배려해 준 것에 대하여 당신이 오래도록 고마움과 좋은 감정을 가지고 있는 마음이다.

성공하는 사람은 매사에 늘 감사해 하며 긍정적인 마음으로 하루를 시작한다. 세상이 모두 희망으로 보이기 때문이다. 눈으로는 좋아하는 것들을 볼 수 있고, 귀로는 좋아하는 소리를 들을 수 있고, 손으로는 하고 싶은 작업을 할 수 있고, 발로는 어디든지 내가 가고 싶은 곳에 갈 수 있기 때문이다.

---

[9] 핼리팩스Lord Halifax(1633~1695). 본명은 George Savile. 영국의 서간문 작가, 웅변가.

무無에서 유有를 창조하라

세계적인 기업의 창업자들은 대부분 맨손으로 도전한 사람들이다. 부富는 끊임없는 인내와 노력으로 무에서 유를 창출해 낸 것이다. "무無에서 유有를 창조하라!" 손자병법의 '36계' 중 '7계'에 나오는 병법으로, 무중생유無中生有 전략이라고도 한다.

> 천하의 만물은 유有에서 생겨나고, 유는 무無에서 생겨난다. —《노자도덕경》
>
> 天下萬物生於有 有生於無 천하만물생어유 유생어무

중국 삼국시대 촉한蜀漢의 정치가이며 전략가인 제갈량諸葛亮은 적벽대전赤壁大戰에서 2만 5천의 병력으로 조조曹操의 80만 대군을 격파했다. 특히 짚풀을 실은 배를 적진에 진격시켜 조조군의 화살 10만 개를 소진시키고, 이 적의 화살로 적을 공격한 탁월한 전략을 구사했다. 이것이 창조적 전략이다.

성공의 비결은 목적을 향해 초지일관하는 데 있다.

—벤저민 디즈레일리[10]의 '연설' 중에서

The secret of success is constancy to purpose.

유무상생有無相生이란 유와 무는 서로 낳는다는 뜻이고, 유무상통有無相通이란 유와 무는 서로 왔다 갔다 한다는 말이다. 빈부貧富도 마찬가지이다. 부富는 도전하고 노력하는 자에게 찾아오지만 노력하지 않으면 다시 빈貧으로 돌아가기 마련이다.

성공은 수고의 대가代價라는 것을 기억하라. —소포클레스 《엘렉트라》

Success, remember, is the reward of toil.

사업은 마치 나무를 기르는 일과 같다. 작은 씨앗에서 뿌리가 나고 가지가 자라나 탐스런 열매를 맺는 나무로 성장한다. 작은 도토리 씨앗 하나가 큰 참나무로 자라나는 것이다.

이 세상의 어떤 위대한 것도 정열 없이
성취되지 않았다는 사실을 절대적으로 확신해도 된다. —헤겔 《역사철학》

We may affirm absolutely that nothing great in the world

has been accomplished without passion.

---

10 벤저민 디즈레일리Benjamin Disraeli(1804~1881). 영국의 정치가.

3

우직한 사람이
성공한다

시련과 고난은 성공으로 가는 길이다.
거센 풍랑이 노련한 뱃사공을 만들고, 혹독한 고난과 어려운 환경을 이겨냈을 때
사람도 기업도 비로소 경쟁력이 생긴다.

큰 나무는 그 자리에서
정자나무로 자란다

양평군에 있는 용문산 용문사의 1100년 묵은 은행나무는 신라 마지막 왕인 경순왕의 세자 마의태자가 나라를 잃은 슬픔을 안고 금강산으로 가는 도중 심었다고 한다. 그 나무가 지금과 같은 웅장한 모습을 지니게 된 것은 한 자리에 줄곧 있었기 때문이다. 만약 철따라 형편 따라 이리저리 옮겨 다녔다면 한낱 땔감으로 쓰여 이 세상에서 사라졌을 것이다.

나무가 크고 뿌리가 깊으니 바람도 대항하지 못하고,
잎이 무성하고 꽃이 피어 장차 큰 재목이 되리라. —**〈역학〉**

樹大根深 風亦不抗 수대근심 풍역불항

葉茂花開 將成大材 엽무화개 장성대재

처음 세운 뜻을 끝까지 밀고 나가는 사람은 첫 마음이 끝 마음이
되도록 애쓰는 사람이다. 이들은 흔들림 없이 곧게 살아가는 사람이
요, 어떤 어려움이 있어도 슬기롭게 견디며 언제나 꿋꿋하게 살아가
는 사람이다.

오늘 일어나는 것이 무엇이든 간에 참고 견뎌라.
이것이 내일을 찬미하는 유일한 길이다. —**리처드 르 갤리엔**[1] 〈그녀의 일기에서〉
Bear today whatever today may bring;
this is the one way to make tomorrow sing.

마음도 한결같아야 한다. 마음이 왔다 갔다 하면 어떠한 일이든
온전히 이룰 수 없다. 한 마음으로는 만 가지 일을 처리할 수 있지만,
두 마음으로는 한 가지 일도 처리할 수가 없다.[2] 하나와 둘인데도 만
가지와 한 가지의 차이로 갈라지는 이유를 깊이 새겨야 한다.

《학림옥로鶴林玉露》[3]에도 다음과 같이 이와 유사한 말이 나온다.

노끈으로 톱질해도 나무가 잘리고
끊임없이 떨어지는 물방울이 끝내 바위를 뚫는다.

繩鋸木斷 水滴穿石 승거목단 수적천석

---

[1] 리처드 르 갤리엔Richard Le Gallienne(1866~1947). 영국의 작가, 시인.
[2] 一心可以處萬事 二心不可以處一事일심가이처만사 이심불가이처일사
[3] 중국 남송 때 나대경羅大經이 지은 수필집. 문인과 학자의 시문에 대한 논평을 중심으로 하였
으며, 일화·견문 따위를 수록하였다. 천天, 지地, 인人의 3부작으로 1248~1252년에 완성하
였다. 18권.

세상을 살아가는 데는 자신만의 분명한 철학과 길이 있어야 한다. 이도저도 아니면 어디에서도 환영받지 못한다. 자기 자신의 색깔이 있어야 하는 것이다. 꽃도 종류에 따라 고유의 색을 지닌다. 올해는 빨간색 꽃이 피고 내년에는 노란색 꽃이 피는 나무는 없다.

이솝우화 **갈가마귀와 까마귀**

유난히 덩치가 크고 목소리도 이상한 갈가마귀가 같은 무리에서 멸시를 받으며 살고 있었다. 같은 무리와 어울리지 못하는 갈가마귀는 까마귀들을 찾아가 같이 살게 해달라고 간청했다. 그러나 까마귀들은 모습도 목소리도 이상한 갈가마귀를 무시하고 쫓아버렸다. 쫓겨난 갈가마귀는 하는 수없이 다시 갈가마귀 무리로 돌아왔지만, 자기들을 버리고 떠났던 갈가마귀를 무리는 받아주지 않았다. 결국 그는 양쪽에서 다 쫓겨나는 신세가 되고 말았다.
_동족을 배신한 자는 갈 곳이 없다.

커다란 정자나무가 탄생하기 위해서는 길고 긴 세월 동안 무수한 풍파를 이겨내고 굵고 튼튼한 뿌리를 내려야 한다. 우리 인생도 행복하고 풍요로운 결실을 맺기 위해선 올바른 습관과 불굴의 도전정신으로 수많은 고난을 이겨내고 자신만의 탄탄한 뿌리를 내려야 한다.

참고 버텨라. 현재의 고통은 점점 너에게 좋게 변할 것이다. **—오비디우스**
Endure and persist; this pain will turn to your good by and by.

중도에
포기하지 말라

사서삼경四書三經[4] 중 하나인 《시경》에 나오는 '마부작침磨斧作針'이란 도끼를 갈아서 바늘을 만든다는 뜻이다. 아무리 어려운 일이라도 인내심을 갖고 계속하면 언젠가는 반드시 성공할 수 있고, 노력을 거듭하면 목적을 달성할 수 있으며, 끈기 있게 학문이나 일에 힘쓰면 성공한다는 의미를 나타낸다.

> 태산에서 흐르는 작은 물줄기가 바위를 뚫는다. ―《한서漢書》〈매승전枚乘傳〉
>
> 泰山之溜穿石(山溜穿石) 태산지류천석

> 계속하면 완벽해진다. ―서양 속담
>
> Practice makes perfect.

---

[4] 유교儒敎의 기본 경전. 사서는 《대학大學》, 《논어論語》, 《맹자孟子》, 《중용中庸》을 말하며, 삼경은 《시경詩經》, 《서경書經》, 《주역周易》을 이른다.

'마부작침'에는 다음과 같은 유래가 있다. 당나라의 시인 이백(자는 이태백)이 어렸을 때 훌륭한 스승을 찾아 상의산에 들어가 수학했다. 그러나 공부에 싫증이 난 그는 스승에게 말도 없이 산을 내려오고 말았다. 집을 향해 걷던 이백은 냇가에서 바위에 열심히 도끼를 갈고 있는 한 노인을 만났다. 기이하게 여긴 이백이 "할아버지, 지금 뭘 하고 계세요?"라고 묻자 노인은 "바늘을 만들려고 도끼를 갈고 있단다."라고 답했다. "그렇게 큰 도끼를 간다고 바늘이 될까요?"라고 다시 묻자 노인은 "그럼 되고말고, 중도에 그만두지만 않는다면." 하고 답했다. 그 순간 이백은 '중도에 그만두지만 않는다면'이란 말에 깨달음을 얻고 다시 산으로 올라가 학업에 임했다.

　그 후 이백은 마음이 해이해질 때마다 바늘을 만들려고 열심히 도끼를 갈던 노인의 모습을 떠올리며 분발했다고 한다.

깊이 팠는데도 물이 안 나온다고 우물 파기를 포기하지 말라.
하고자 하는 뜻을 가지고 있는 사람은 마치 우물을 파는 일에
비유할 수 있다. 우물은 아홉 길까지 파 내려갔다 해도
마지막 한 길을 파지 못하고 그친다면
우물을 파는 것을 포기하는 것이나 마찬가지라 할 수 있다. —《맹자》

掘井九軔 而不及泉 猶爲棄井也 굴정구인 이불급천 유위기정야

有爲者辟若掘井 掘井九軔而不及泉 유위자벽약굴정 굴정구인이불급천

우공이산

愚公移山

우공이산愚公移山은 기우杞憂와 함께 중국 전국시대《열자列子》의 유명
한 고사 중 하나이다. "우공이 산을 옮긴다."는 말로, 남이 보기엔 어
리석어 보여도 어떤 일이든 우직하게 꾸준히 계속하면 목적을 달성
할 수 있다는 뜻이다. 중국의 마오쩌둥毛澤東이 공산혁명 과정에서
즐겨 사용한 말이라고 한다.

로마는 하루 아침에 이루어지지 않았다. —**피에르 안젤로 만졸리**[5]

Rome was not built in a day.

옛날 중국의 북산北山에 우공이라는 90세 된 노인이 있었는데, 태행
산太行山과 왕옥산王屋山 사이에 살고 있었다. 이 산은 사방이 700리,

---

[5] 피에르 안젤로 만졸리Pier Angelo Manzolli(1500~1551). 로마의 시인.

높이가 만 길이나 되는 큰 산으로 북쪽이 가로막혀 교통이 불편하였다. 우공이 어느 날 가족을 모아 놓고 말했다.

"저 험한 산을 평평하게 해 예주의 남쪽까지 곧장 길을 내는 동시에 한수漢水의 남쪽까지 갈 수 있도록 하겠다. 너희들 생각은 어떠하냐?"

모두 찬성하였으나 그의 아내가 반대하며 말했다.

"당신 힘으로는 작은 언덕 하나 파헤치기도 어려운데, 어찌 이 큰 산을 깎아 내려는 겁니까? 파낸 흙은 어찌하시렵니까?"

우공은 흙은 발해渤海에다 버리겠다며 세 아들은 물론 손자들까지 데리고 돌을 깨고 흙을 파서 나르기 시작했다. 이 모습을 본 이웃이 비웃었지만 우공은 "내 비록 앞날이 얼마 남지 않았으나 내가 죽으면 아들이 남을 것이고, 그 뒤는 손자들이 이을 것이다. 이렇게 자자손손 이어 가면 언젠가는 반드시 저 산이 평평해질 날이 오겠지." 하고 태연히 말했다.

한편 두 산을 지키는 사신蛇神이 자신들의 거처가 없어질 것을 염려하여 천제에게 달려가 산을 구해 달라고 호소하였다. 이에 우공의 우직함에 감동한 천제가 역신力神과 자신의 두 아들에게 명하여 두 산을 하나는 삭동朔東에, 또 하나는 옹남雍南에 옮겨 놓게 했다.

산을 옮기는 사람은 작은 돌을 운반하는 것으로 시작한다. —**서양 속담**

The man who removes a mountain begins by
carrying away small stones.

최선을 다하면
안 되는 일이 없다

고 정주영 회장의 유명한 일화 중에 다음과 같은 이야기가 있다.

　무슨 일이나 최선의 노력을 쏟아부으면 성공 못할 일이 없다는 교
훈을 내가 빈대에게 배웠다고 하면 과장이라고 생각할 것이다. 그러
나 이것은 사실이다. 열아홉 살 때 네 번째로 가출을 해 인천에서 막
노동을 할 때였다. 그때 묵었던 노동자 합숙소는 밤이면 들끓는 빈
대로 잠을 잘 수 없을 지경이었다. 몇 사람이 빈대를 피하는 방법을
연구해서 밥상 위로 올라가 잠을 잤는데 빈대는 밥상 다리를 타고 기
어올라와 사람을 물었다.
　우리는 다시 머리를 짜내 밥상 네 다리에 물을 담은 양재기를 하
나씩 고여 놓고 잤다. 그런데 편안한 잠은 하루인가 이틀 만에 끝나
버렸다. 몽땅 양재기 물에 빠져 죽었어야 할 빈대들이 여전히 살아

남아 우리를 괴롭혔다. 도대체 빈대들이 무슨 방법으로 살아남았는지를 캐기 위해 살피던 우리는 다 같이 아연해질 수밖에 없었다. 밥상다리를 타고 올라가는 게 불가능해진 빈대들이 벽을 타고 까맣게 천장으로 올라가는 게 아닌가. 그렇게 천장에 닿은 빈대들은 사람 몸을 향해 툭툭 떨어졌다.

그때 느꼈던 소름끼치는 놀라움을 잊을 수가 없다. 그리고 생각했다. "하물며 빈대도 목적을 위해서는 저토록 머리를 쓰고 저토록 죽을 힘을 다해 노력해서 성공하지 않는가. 나는 빈대가 아닌 사람이다. 빈대한테서도 배울 건 배우자. 인간도 무슨 일에든 절대 중도 포기하지 않고 죽을 힘을 다해 노력한다면 이루지 못할 일이 없다."

—**정주영 회장의 저서 《이 땅에 태어나서》 중에서**

고난 없는 성공은 없다. —**서양 속담**

There is no success without hardship.

시련과 고난은 성공으로 가는 길이다. 거센 풍랑이 노련한 뱃사공을 만들듯 혹독한 고난과 어려운 환경을 이겨냈을 때 사람도 기업도 비로소 경쟁력이 생긴다.

뜻은 높이 가지되 마음은 낮추고,

담력은 크게 갖되 마음은 작게 가져라. —**《근사록》**

志宜高而身宜下 膽欲大而心欲小 지의고이신의하 담욕대이심욕소

강한 의지력 앞에
불가능이란 없다

신이 정한 운명을 뛰어넘은 인도 자다브 총장 이야기

침이 땅을 더럽히지 않도록 목에 침받이를 걸고 다녀야 하고, 자기 발자국을 지우기 위해 빗자루를 가지고 다녀야 하는 사람이 인도의 불가촉천민 '달리트dalit'이다. 그러나 나렌드라 자다브Narendra Jadhav (1953~) 총장은 교육을 통해 '신이 정한 운명'을 뛰어넘은 인물이다.

교육은 운명을 뛰어넘는다. —**서양 속담**

Nurture passes nature.

인도 푸네 대학교 나렌드라 자다브 총장은 타고난 신분을 절대 바꿀 수 없는 인도의 절대적 신분제도를 무너뜨리고 전 세계적으로 큰 반향을 일으킨 '인도의 살아 있는 영웅'이며 현재 세계가 주목하는 인물이다. 미국 인디애나 대학교 경제학 박사로, 인도중앙은행 수석

경제보좌관을 지냈으며, 향후 인도중앙은행 총재나 재무장관에 오를 인물로 꼽히고, 나아가서는 인도의 미래를 이끌어 갈 차기 대통령으로 거론되는데, 이런 그가 바로 '달리트' 출신이다.

하고자 하는 마음에 불가능이란 없다. — **존 헤이우드**[6]

Nothing is impossible to a willing heart.

3500년 동안 지속되어 온 인도의 사회적 신분제도 카스트의 네 계급인 브라만(승려), 크샤트리아(왕이나 귀족), 바이샤(상인), 수드라(피정복민 및 노예, 천민)에도 끼지 못하는 소외된 계급이 바로 달리트이다. 이들은 오물 수거나 시체 처리, 가죽 가공, 세탁 등의 일을 도맡으며 '오직 구걸할 권리'만 허용된다. 인도 인구의 약 15%인 1억 5,000만 명 정도가 달리트이다. 1947년 영국으로부터 독립한 후 1955년 불가촉천민법 제정으로 달리트에 대한 종교·사회·직업적 차별이 금지되었으나 카스트 제도의 깊은 그림자는 아직도 남아 있다. 달리트라는 절망적 신분제도 속에서 자신의 길을 개척한 자다브 총장은 운명의 굴레를 벗어날 수 있었던 핵심열쇠는 강한 의지력과 교육이라고 단언한다.

교육은 정신력을 증대시킨다. — **호라티우스**[7]

Instruction enlarges the natural power of the mind.

---

[6] 존 헤이우드John Heywood(1497~1580). 영국의 희곡작가, 시인, 음악가.
[7] 호라티우스Quintus Horatius Flaccus(BC 65~BC 8). 고대 로마의 시인.

맑은 날,
비올 때를 준비하라

중국 춘추전국시대 진晉나라의 왕 도공悼公에게는 사마위강司馬魏絳이라는 명신이 있었다. 어느 날 도공의 아우인 양간楊刊이 군법을 어기자, 사마위강은 양간 대신 그의 마부의 목을 베었다. 이 일로 큰 오해를 살 뻔했으나 충신인 그에게 그럴 만한 이유가 있었을 것이라고 여기고 도공은 그를 더욱 신임하였다. 세월이 흘러 이웃 정나라에서 도공에게 값진 보물과 궁녀를 선물로 보내왔다. 도공이 이것을 사마위강에게 일부 하사하려 하자, 그는 정중히 거절하며 다음과 같이 간하였다.

편안할 때 위기를 생각하면 대비하게 되고,
대비태세가 되어 있으면 근심이 사라지게 됩니다.
居安思危 思則有備 有備則無患 거안사위 사즉유비 유비즉무환

여기에서 유비무환有備無患이라는 사자성어가 생겨난 것이다. 그 후 도공은 사마위강의 도움으로 마침내 천하통일의 패업을 이루었다.

맑은 날에 비 오는 날을 대비하라. —마키아벨리 《군주론》
Prepare for a rainy day on a clear day.

"천하의 어려운 일은 쉬운 일에서 생기고, 천하의 큰일은 사소한 일에서 생긴다." 《노자도덕경》에 나오는 말로 아주 하찮은 것으로 인해 모든 것이 허사가 될 수 있음을 지적한 말이다.

전쟁에서 적을 가볍게 여기는 것보다 더 큰 재앙은 없다.
그러므로 거병하여 서로 항거할 때는 슬퍼하는 자가 이긴다. —《노자도덕경》
禍莫大於輕敵 故抗兵相加 哀者勝矣 화막대어경적 고항병상가 애자승의

이솝우화 **개미와 베짱이**

무더운 여름날, 베짱이가 시원한 그늘에서 춤추고 노래할 때 개미는 땀을 뻘뻘 흘리며 열심히 곡식을 나르고 있었다. 베짱이가 말했다. "왜 그렇게 힘들게 일만 하니? 삶을 좀 즐기지 않고." 그러자 개미가 말했다. "겨울에 먹을 식량을 저장해 두어야 해. 겨울을 날 식량이 없으면 그 길고 추운 겨울에 어떻게 살아남겠니?" 베짱이가 말했다. "지금 먹을 게 많은데 왜 겨울 걱정을 하니?" 겨울이 되자 베짱이는 먹을 양식이 없어 개미를 찾아가 구걸하였다.
_필요할 때를 준비하는 것이 최선의 방책이다.

끝은 또 다른
시작이 된다

끝은 또 다른 시작이다. 끝이 좋으면 무엇이든 다시 좋은 일이 생기게
된다. 아름다운 마무리는 처음의 마음으로 돌아가는 것이다. 사람은
어떻게 시작하는가로 평가되지 않고 어떻게 끝을 내는가로 평가된
다. 시작은 누구나 잘할 수 있다. 그러나 중요한 것은 마무리다. 무엇
이든 처음 시작하기는 쉬우나 처음 시작처럼 끝내기는 어렵다. 끝이
흐린 사람은 성공하지 못한다. 시작보다 끝이 그 사람을 평가한다.

마지막 마무리를 처음처럼 신중하게 하면 실패하는 일이 없다. —《노자도덕경》
愼終如始 則無敗事 신종여시 즉무패사

시작이 때로는 끝이 되기도 하고 끝이라고 생각할 때 다시 시작되
기도 한다. 끝나는 곳이 바로 우리의 출발점이다. 끝마무리를 잘하는

것이 새로운 시작의 터전이 된다. —**토머스 엘리엇**[8]

우리가 끝(결과)이라고 여기는 것이 시작이다. —**랠프 왈도 에머슨**
What we call results are beginning.

"화장실에 갈 때 다르고 나올 때 다르다."는 말이 있다. 급할 때는 별의별 말을 다 하고 비위를 맞추지만 일이 끝나면 언제 그런 일이 있었나 싶게 변하는 사람들을 두고 하는 말이다. 그러나 인생을 살아 보면 시작보다 끝을 잘 매듭짓는 사람이 좋은 인연을 만들고 풍요로운 인생을 살아갈 수 있다는 것을 깨닫게 된다.

탈무드 **보트의 구멍**

작은 보트를 가지고 있는 한 남자가 해마다 여름이면 가족과 함께 낚시를 즐겼다. 그런데 여름이 지나고 배를 끌어올려 보니 바닥에 구멍이 나 있었다. 그는 당분간 배를 사용할 계획이 없었기 때문에 그냥 내버려 두었다. 다시 봄이 되어 그의 두 아이들이 보트를 타고 싶다고 하자 남자는 무심결에 허락하고 말았다. 한참 뒤 불현듯 배에 구멍이 난 것이 생각난 남자가 황급히 강가로 뛰어가 보니 아이들이 무사히 배를 강가에 대고 있었다. 다행히 겨울에 보트 페인트칠을 맡겼을 때 페인트공이 바닥의 구멍까지 수리해 준 것이었다. 작은 선행이 다른 사람에게 큰 도움이 된 것이다.

---

[8] 토머스 엘리엇Thomas Stearns Eliot(1888~1965). 미국 태생 영국의 시인, 비평가, 극작가. 1948년 노벨문학상을 수상했다.

큰 강은 소리 내며
흐르지 않는다

작은 개천이나 도랑물 흐르는 소리는 사람의 밤잠을 깨우기도 하지만 한강처럼 큰 강물이 흐르는 소리에 잠을 깨는 사람은 없다. 요컨대 작은 것은 소리를 내지만 큰 것은 소리를 내지 않는다. 군자는 군소리를 하지 않는다. 말이 많은 자는 지혜가 부족하고 속이 허한 소인배이다.

> 도道란 강물이 흘러도 흐름이 있는지 없는지 모르고,
> 덕德을 베풀어도 명성이 있는 듯 없는 듯해야 한다. —《장자》

道流而不明居 德行而不名處 도류이불명거 덕행이불명처

오리형 인간과 독수리형 인간—웨인 다이어[9]

오리는 온종일 꽥꽥거리며 시끄럽게 움직이는 반면, 독수리는 소리

---

[9] 웨인 다이어Wayne W. Dyer(1940~). 미국의 작가. 가장 뛰어난 자기계발 전문가로 평가받는 심리학자. 대표작으로 《행복한 이기주의자》(2013)가 있다.

없이 하늘로 높이 날아올라 먼 곳을 응시하며 목표물을 찾아낸다. 독수리는 30킬로미터 높이에서 볍씨를 뚜렷하게 식별할 수 있는 시력을 가지고 있으며, 비행할 때 날갯짓을 많이 하지 않는다. 바람의 흐름을 이용하여 바람에 몸을 맡기기 때문에 날개를 펴고 바람을 타기만 하면 되는 것이다. 다른 새들은 폭풍을 두려워하지만 독수리는 폭풍을 받아들이고 그 풍향을 이용해 더 높이 날아오른다. 당신 앞에 어떤 어려움이 찾아와도 두려워하지 말고 독수리가 폭풍을 타고 더 높이 비상하듯 더 높이 날아올라야 한다.

고객 중심Customer Oriented 의 조직에서는 독수리형이 번성한다

세상 어디에나 두 부류의 사람들이 있다. 고고하게 자기 일을 찾아서 주인처럼 일하는 사람과 요란한 소리만 내면서 일을 오히려 그르치는 사람. 윗사람을 위한 맹종과 지배만을 강요하는 조직에서는 날지도 못하는 시끄러운 오리형 사람들만 북적댄다. 우리는 독수리처럼 우주의 섭리를 활용하여 비상하는 인간이 되어야 한다.

> 어리석은 사람은 내용도 없는 말을 지껄여대지만
> 현명한 사람은 꼭 필요한 것만 말한다. —**서양 속담**
> A fool may talk, but a wise man speaks.

4

물처럼
부드러워져라

물은 높은 곳을 피하고 낮은 곳으로 흐르기 때문에 다투지 않고 허물이 없다.
부드럽고 약한 것은 삶의 상징이고, 억세고 강한 것은 죽음의 상징이다. 만물이나
초목들도 살아 있을 때는 부드럽고 여리지만 죽으면 굳어서 뻣뻣해진다. 부드러운 것이
강한 것이다. 강한 인간이 되고 싶으면 물처럼 행하라.

순리를 따르는 것이 처세이다

공자孔子는 착한 일을 하는 사람에게는 하늘이 복을 주고 악한 일을 하는 사람에게는 화를 준다고 하였다. 장자莊子[1] 또한 말하기를, "만일 악한 일로 세상에 이름을 드러낸 사람은 비록 사람들이 그를 해치지 않더라도 하늘이 반드시 그를 해할 것이다."라고 하였다.

하늘의 뜻을 따르는 자는 살아남고 어기는 자는 죽는다. ─ **〈명심보감〉**

順天者存 逆天者亡 순천자존 역천자망

순리를 따른다는 것은 목수가 나뭇결을 따라 대패질을 하는 일과 같다. 대패질을 할 때 나뭇결을 거스르지 않아야 정교하고 깔끔하게

---

[1] 장자(BC 369~BC 289?). 중국 고대의 사상가. 제자백가諸子百家 중 도가道家의 대표자이다.

마무리할 수 있다. 마음속으로 갈 길이 바쁜 사람은 머릿속의 생각과 발의 속도가 맞지 않아 자기 발에 걸려 넘어지는 경우가 있다. 서두르지 말고 생각과 행동의 속도를 맞추는 것도 순리를 따르는 것이다.

물의 흐름을 따라가면 쉽게 이를 수 있고,
바람을 등지고 말을 달리면 멀리까지 갈 수 있다. —《설원》
循流而下易以至 순류이하이이지
背風而馳易以遠 배풍이치이이원

옳고 그름을 구별하고 전체 줄거리를 파악해야 한다. —《채근담》
辨別是非 認識大體 변별시비 인식대체

세상만사는 그에 맞는 도리와 이치에 따를 때, 시작과 끝 또는 앞과 뒤의 전체 줄거리를 파악하여 그때그때 흐름에 맞게 순리대로 추진해 나갈 때 조화를 이루고 잘 풀려 나간다.

그에 맞는 도리에 따르면 얻지 못하는 것이 없고,
그에 맞는 때에 따르면 이루지 못하는 것이 없다. —《설원》
求以其道 則無不得 구이기도 즉무부득
爲以其時 則無不成 위이기시 즉무불성

얻고자 하면
먼저 주어라

《춘추좌씨전春秋左氏傳》에 다음과 같은 이야기가 나온다. 춘추시대 진晉나라의 헌공獻公은 괵나라虢國를 공격할 야심을 품고 통과국인 우禹나라 우공에게 말馬과 옥玉을 보내 통과를 요청했다. 우나라의 현인 궁지기宮之奇는 헌공의 속셈을 간파하고, 괵나라를 점령하면 우나라도 망하게 될 것임을 진언했다. 그러나 뇌물에 눈이 어두워진 우왕은 길을 열어 주었고, 결국 진나라는 괵나라를 정복한 후 우나라도 정벌하였다.

무엇을 접고 싶다면 반드시 먼저 그것을 펴 주어라. 무엇을 약하게 하고 싶다면 반드시 강하게 하라. 무엇을 버리고 싶다면 반드시 먼저 흥하게 하라. 무엇을 빼앗고 싶다면 먼저 그 무엇을 주어라. ─〈노자도덕경〉

將欲歙之 必固張之 將欲弱之 必固强之 장욕흡지 필고장지 장욕약지 필고강지

將欲廢之 必固興之 將欲取之 必固與之 장욕폐지 필고흥지 장욕취지 필고여지

장대비가 퍼붓는 어느 날, 미국 필라델피아의 한 가구점 앞에서 할머니 한 분이 왔다 갔다 하고 있었다. 가구점 주인이 "할머니, 가구를 사러 오셨습니까?" 하고 묻자 할머니는 "아니라오. 비가 와서 밖으로 나갈 수도 없고, 운전기사가 차를 가지고 올 때까지 그냥 보고 있는 중이라오." 하였다. 그러자 주인이 친절하게 말했다. "그러시군요. 그럼 운전기사가 올 때까지 안으로 들어오셔서 편안하게 앉아 계십시오." 가구점 주인은 그 노인이 갈 때까지 다정하게 대해 주었다.

　　얼마 후 가구점 주인에게 한 통의 편지가 배달되었다. 미국의 철강재벌 앤드류 카네기Andrew Carnegie(1835~1919)가 쓴 편지로, 회사에서 수만 달러 상당의 가구를 구입하려고 하는데 자신의 어머니가 그 가구점을 추천했다는 것이다. 비가 내리던 날, 가구점 주인이 환대해 준 그 할머니가 바로 철강왕 카네기의 어머니였던 것이다.

남에게 무엇을 청하려 하면 반드시 먼저 그를 도와주어야 하고, 남이 나를 사랑해 주기를 원한다면 반드시 먼저 남을 사랑해야 한다. 남이 나를 따르기를 원하면 반드시 내가 먼저 남을 따라야 한다. ─《국어진어國語晉語》

將有請於人 必先有人焉 장유청어인 필선유인언
欲人之愛己也 必先愛人 욕인지애기야 필선애인
欲人之從己也 必先從人 욕인지종기야 필선종인

부드러운 것이
강한 것이다

노자가 이르기를, 부드럽고 약한 것은 삶의 상징이며, 억세고 강한 것은 죽음의 상징이라고 했다. 만물이나 초목들도 살아 있을 때는 부드럽고 여리지만 죽으면 굳어서 뻣뻣해진다.

부드러움을 지키는 것이 강한 것이다.

부드러움이 단단함을 이기고 약한 것이 강한 것을 이긴다. ─《노자도덕경》

守柔曰强 柔之勝剛 弱之勝强 수유왈강 유지승강 약지승강

미국의 저명한 컨설턴트이며 《초우량 기업의 조건*In Search of Excellence*》을 쓴 작가 톰 피터스*Thomas J. Peters*는 많은 기업을 분석 관찰한 결과 사람과 참여, 열정, 경영자의 본능과 관련된 새로운 가치를 발견했다고 했다. 즉 '부드러운 것이 강하고 강한 것은 부드럽다

Soft is hard, hard is soft.'는 것이다. 다시 말하면 전통적인 '수치 싸움'은 추상적이고 생명력이 없으며, 유연하고 인간적인 사람과 열정은 산이라도 옮길 수 있는 강력한 힘을 가지고 있다는 것이다(부드러운 것이 강하다).

강해야 할 때는 강하고 약해야 할 때는 약할 줄 알아야 한다. 저마다 강하기만 바라고 약하기를 싫어하는 세상에서 노자의 가르침은 우리의 성망誠忘을 일깨워 준다. 성망은 장자의 말로, 잊어야 할 것은 잊지 않고 잊어서는 안 되는 것은 잊어버리는 것을 뜻한다.

이솝우화 **큰 나무와 풀**

큰 나무가 풀을 굽어보며 "난 딱딱하고 강해서 사람들은 나를 이용해서 집도 짓고 배도 만들어."라고 뽐냈다. 풀은 아무런 대꾸도 하지 않았다. 그런데 며칠 뒤 큰 폭풍이 불어닥쳐 강한 바람이 불고 비가 억수같이 내렸다. 그러자 큰 나무는 우지끈 부러져 풀 위로 쓰러지고 말았다. 죽어가는 나무를 보며 풀이 말했다. "난 작고 약하지만 바람이 불 때 어떻게 유연하게 몸을 굽혀야 하는지는 알고 있어."

_부드러운 것이 강한 것이다.

강풍은 큰 나무를 뿌리째 뽑을 수 있지만 가늘고 약한 버들가지나 갈대는 부러뜨리지 못한다. 무쇠는 강한 탓에 부러지지만 물은 부드럽기 때문에 잘라지거나 조각나지 않는다.

태풍이 불어도 풀은 뿌리째 뽑히는 일이 없다.

풀은 부드러워서 태풍이 이기지 못한다.

쓰러지는 것은 꼿꼿하게 서 있는 높은 나무들뿐이다. —**인도 설화집 〈판차탄트라〉**

The hurricane does not uproot grasses,

which are pliant and bow low before it on every side,

it is only the lofty trees that it attacks.

이솝우화 **바람과 태양**

바람과 태양이 둘 중 누가 더 힘이 센가 내기를 하였다. 지나가는 행인의 외투를 누가 먼저 벗기느냐로 내기의 승자를 정하기로 했다. 바람이 먼저 행인을 향해 거센 바람을 일으켰다. 그러나 행인은 추워서 오히려 외투를 더 단단히 여몄다. 이번에는 태양이 나서서 따뜻한 햇볕을 비추었다. 그러자 행인은 외투의 단추를 풀었고, 더 강한 햇볕이 내리쪼이자 외투를 벗어 들고 걸었다.

_ 때로는 완력보다 부드러움이 더 강하다.

당신은 젊고 당신 앞에는 세상이 있다.

허리를 굽히고 세상을 살아가라. 그러면 힘든 충돌을

많이 피하게 될 것이다. —**코튼 매더가 벤저민 프랭클린에게 한 충고**

You are young and have the world before you; stoop as

you go through it, and you will miss many hard bumps.

내공內功은
비운 자만의 에너지다

오뚝이는 적당히 채워 있고 적당히 비어 있기 때문에 넘어져도 다시
일어설 수 있다. 만일 속이 텅텅 비어 있거나 빈틈없이 꽉 차 있다면
넘어졌을 때 다시 일어서지 못할 것이다. 만원 엘리베이터도 탄 사
람이 먼저 내려야 다음 사람이 다시 탈 수 있듯이, 내마음도 적당히
비워 놓아야 새것과 남의 것이 내 안으로 들어올 수 있다.

> 가지고 있으면서 더 채우려는 것은 멈추는 것만 못하다. —**〈노자도덕경〉**
> 持而盈之 不如其已 지이영지 불여기이

불영不盈하라는 것은 꽉 채우지 말라는 것이다. 속이 꽉 찬 사람이
마음을 적당히 비운 것이 내공內功이요, 스스로 내 것으로 가득 채운
것이 자만自滿이다. 물을 꽉 채운 독은 긴 장마에도 물 한 방울 받아

들이지 못한다. 사람도 내 것, 즉 자만으로 가득 찬 사람은 새것을 받아들일 수 없다.

마음의 본성은 본래 빈 그릇과 같이 텅 빈 것이다. 한곳에 집착하지 않고 그물을 통과하는 바람처럼 걸림이나 머무름이 없이 텅 빈 마음이라야 인생의 번거로운 짐을 자유롭게 벗을 수 있다. 마음을 비우지 못하고 산다는 것은 고달픈 것이다. 텅 빈 마음이라야만 당신과 나의 이해와 갈등에서 벗어나 우리가 되는 것이다. 빈 마음, 그것이 삶의 완성이다. —**묵연 스님**

> 남이 자신을 알아주지 못함을 걱정하지 말고,
> 내가 남을 알지 못함을 걱정해야 하느니라. —**《논어》**
> 不患人之不己知 患不知人也 불환인지불기지 환부지인야

모든 것이 다 내게서 찾아야 하는 것이니 시비정사是非正邪가 모두 나에게서 비롯되는 것이다.

허공은 무진장 비어 있는 그 자체가 힘이듯, 사람의 마음도 적절히 비워 둔 마음이 내공이고 힘인 것이다.

물과
손자병법

《손자병법》에 "군대의 움직임은 물의 모양과 같이 하라(兵形象水병형
상수)."고 했는데, 이는 용병법을 물에 비유한 것이다.

승리는 동일한 방법으로 두 번 반복되지 않기에,
무궁하게 변화하는 형태에 대응해야 한다.
무릇 용병의 형태(작전)는 물과 같다.

물의 형태(성질)는 높은 곳은 피하고 낮은 곳으로 흘러내려 간다.
용병의 형태(작전)는 강한 곳은 피하고 취약한 곳을 공격한다.
물의 흐름이 땅의 모양에 따라 다르게 만들어지듯 용병(작전)
또한 적의 대응에 따라 전술을 달리 한다. 그러므로 용병에는
고정된 방식이 없고 물에는 고정된 모양이 없다. —**〈손자병법〉**

故其戰勝不復 而應形於無窮 고기전승불복 이응형어무궁

夫兵形象水 水之形 避高而趨下 부병형상수 수지형 피고이추하

兵之形 避實而擊虛 병지형 피실이격허

水因地而制流 兵因敵而制勝 수인지이제류 병인적이제승

故兵無常勢 水無常形 고병무상세 수무상형

　　무릇 군대의 용병은 물과 같이 높은 곳을 피하고 낮은 곳을 향하
듯 적군의 상황에 따라 강한 곳을 피하고 우선 빈 곳을 공격하는 것
이다.

　　세상에 물보다 더 부드럽고 약한 것이 없지만 견강한 것을
공격하여 이길 수 있는 것은 물을 대신할 것이 없다. —**〈노자도덕경〉**

天下柔弱莫過於水 而攻牽强者 莫之能勝 以其無以易之

천하유약막과어수 이공견강자 막지능승 이기무이역지

　　물은 유연함과 겸허함, 그리고 비장備藏된 에너지라는 특징을 지니
는데, 만일 사람이 이러한 물의 특징을 몸에 익힌다면 큰일을 이룰
수 있다. 세상사 모든 것이 다 자기 뜻대로 되길 바라서는 안 되며,
물처럼 모든 일에 적응력을 갖고 살아가야 한다. 딱딱함보다는 부드
러움으로 세상을 바라보고, 부드러움으로 모든 사람을 안아 보면 어
떨까.

물에서 배워라

'상선약수上善若水', 즉 '으뜸가는 선은 물과 같다.'는 말은 가장 이상적으로 살아가는 생활방식을 물의 상태에서 배우라는 뜻이다.

으뜸가는 선은 흐르는 물과 같다.
물은 만물을 이롭게 하면서도 다투지 않고, 모든 사람이 싫어하는 낮은 곳에
머물기를 마다하지 않는다. 그래서 물은 도에 가깝다. —《노자도덕경》
上善若水 水善利萬物不爭 處衆人之所惡 故幾于道
상선약수 수선리만물부쟁 처중인지소악 고기우도

가장 으뜸가는 처세술은 물의 성질을 본받는 것이다. 강한 사람이 되고자 하면 물처럼 되어야 한다. 물은 장애물이 없으면 흐르지만 둑이 가로막으면 멎고, 둑이 터지면 또다시 흐른다. 네모진 그릇에

담으면 네모가 되고, 둥근 그릇에 담으면 둥글게 된다. 그토록 겸양하기 때문에 물은 무엇보다도 강하다. 물은 만물에 혜택을 주면서도 상대를 거역하지 않고 낮은 곳으로 흐른다. 물처럼 거스름이 없는 생활태도를 가져야 실패를 면할 수 있다. 가장 완전한 것은 무엇인가 모자란 듯하고, 충만한 것은 텅 빈 것처럼 보인다. 하지만 그 효용에는 끝이 없다. 크게 곧은 것은 굽은 것 같고, 가장 뛰어난 기교는 서툴게 보이며, 뛰어난 웅변은 눌변처럼 들린다. 움직이면 추위를 이길 수 있고, 고요히 있으면 더위를 이길 수 있다.

강한 인간이 되고 싶으면 물처럼 행하라

수무상형水無常形하라

물은 고정된 모양이 없고 유연하며 상황에 따라 한없이 변화하지만 그 본질을 잃지 않는다. 어떤 모양의 그릇이든 어느 지형으로 흘러가든 자기의 형상을 그곳에 맞춘다. 그래서 완전함을 이루는 것이다. 경직된 조직은 변화를 거부하고, 유연한 조직은 상황 변화 대처 능력이 뛰어나다.

피고처하避高處下하라

물은 높은 곳을 피해서 낮은 곳으로 흐른다. 상하의 차이가 약간만 있어도 반드시 아래로 흐르는 것은 수평, 즉 공평함을 유지하기 위함이다. 사회 어느 조직이든 매사에 공명정대하면 불평불만이 생기지 않는다. 여러 사람이 모인 조직에서는 자신을 내세우지 않고 나를 낮추는 겸손이 필수이다. 리더의 위치에 있는 사람일수록 자신을 낮출 줄 알아야 한다. 키가 작은 사람은 발돋움을 해야 하고 키가 큰 사람은 허리를 굽혀야 뒷사람도 앞을 볼 수 있는 이치와 같다.

진퇴유절進退有節하라

물은 늘 앞으로 나아가고 물러남이 분명하다. 흐르다가도 길이 막히면 멈추고 잠시 머물다가 흐를 때가 되면 다시 흘러간다. 뛰어난 리더는 조직이 어느 곳으로 가고 있으며, 핵심역량이 무엇인지, 어느 곳에 역량을 집중해야 할지 판단할 수 있어야 한다.

청탁병탄淸濁並呑하라

물은 맑고 탁함을 가리지 않는다. 깨끗한 물만이 아니라 오수도 함께 섞여 흐른다. 세상의 온갖 것을 지니고 바다로 흘러가면 바다는 그것들을 모두 받아 주고 다시 깨끗한 물이 된다. 사람이 보기에 더러운 오수이지만 바다로 흘러가면 그것을 필요로 하는 또 다른 미생물들이 분해하여 다른 것으로 변화시키는 것이다. 청탁병탄이란 도량이 커서 유능한 사람이나 다소 부족한 사람을 가리지 않고 널리 포용하여 조직에 필요한 사람을 만드는 것으로, 훌륭한 리더가 꼭 지녀야 할 덕목이다.

노자가 말하는 성인의 이미지는 더러운 연못에 거주하면서 거기에 흔들리거나 물들지 않고 자기의 청아함을 피어 올리는 연꽃의 비택일적非擇一的 고요함과 지순함에 비유되는데, 그런 지순함이 곧 상선上善이다. 연꽃 같은 상선은 물처럼 만물을 다 이롭게 하지만 다투지 않고 그러면서도 더러운 곳을 가리지 않으니, 선하고 좋은 것만을 분별하여 선택하지 않는다.

　　이러한 상선上善은 화광동진和光同塵, 즉 빛과 먼지가 동거 화친한다는 의미와 같다. 빛이라고 찬란하게 드러낼 것도 없고, 먼지라고 특별히 천할 것 없이 만물이 서로 다툴 것도 부끄러울 것도 없음을 뜻한다.

　　물은 스스로를 높이려 하지 않고 낮은 곳으로 흐른다. 그것은 곧 겸허로, 자기 자신을 결코 과시하지 않는 것이다. 하지만 물은 무서운 에너지를 비장하고 있어서 급류로 변하면 아무리 크고 강한 바위라도 밀쳐내고 부술 수 있다.

> 무릇 물은 오로지 다투지를 않기에 허물이 없다. —**《노자도덕경》**
>
> 夫唯不爭 故無于 부유부쟁 고무우

　　물은 만물을 이롭게 하고 더러운 곳도 가리지 않으며, 흐름에 선후를 다투지 않으므로 도에 가깝다. 또한 물은 깊으면 침묵하고 얕으면 소리를 내고, 바람이 일면 출렁이고 벼랑에 부딪치면 크게 포효한다. 물은 언제 어디서나 겉과 속이 다르지 않다.

완전함보다는
원만함이 좋다

《전한서前漢書》의 〈동방삭전東方朔傳〉에 다음과 같은 문장이 나온다.

물이 너무 맑으면 물고기가 없고,

사람이 너무 따지고 살피면 따르는 사람이 없다.

水淸無大魚 人至察則無徒 수청무대어 인지찰즉무도

후한後漢의 반초班超는 서역도호의 벼슬에 있다가 후임자인 임상任尙이 부임해 오자 이렇게 당부했다. "그대의 성격은 엄격하고 급한 편이네. 물이 맑으면 큰 물고기는 살지 않는 법이지. 느긋하고 쉬운 성격으로 백성들을 다스리도록 하게. 작은 잘못은 덮어 주고 대범하게 다스리게." 그러나 임상은 반초의 충고를 듣지 않고 엄하고 가혹한 정치를 펼쳐 따르는 사람들을 잃는 바람에 서역을 제대로 다스릴 수 없었다.

청렴하면서도 포용력이 있고, 인자하면서도 결단력이 있으며,
총명하면서도 지나치게 살피지 않고, 정직하면서도 지나치게 따지지
않는다면 이것을 다음과 같이 말한다. 꿀 바른 음식이 달지 않고
바닷물이 짜지 않으니 비로소 아름다운 덕이 되리라. —〈채근담〉

清能有容 人能善斷 明不傷察 直不過矯 청능유용 인능선단 명불상찰 직불과교
是謂密餞不甛 海味不鹹 纔是懿德 시위밀전불첨 해미불함 재시의덕

심리학 관련 책들을 보면, 완전주의는 인간관계를 파괴한다고 한
다. 완전주의자는 자기와 관련된 일들을 빈틈 없이 완전하게 처리하
려는 강박관념을 가지고 있기 때문에 주변 사람들의 약점을 감당하
지 못하고 결국 인간관계가 파괴된다. 심리학자 칼 융Carl Gustav Jung은
완전함보다는 원만함을 추구하라고 충고하였다. 이것은 〈동방삭전〉
반초의 충고와도 일맥상통한다.

공을 세우고 사업을 이룬 사람은 대개 허심탄회하고 원만한 사람이 많지만,
일에 실패하고 기회를 놓친 사람은 고집불통인 사람들이다. —〈채근담〉

建功立業者 多虛圓之士 건공립업자 다허원지사
憤事失機者 必執拗之人 분사실기자 필집요지인

원만한 사람이란 내가 얘기하는 것보다 상대의 이야기를 들어주
고 상대의 입장을 헤아려 배려할 줄 아는 사람이다.

카네기는 "인생 성공의 85%가 대인관계로 결정된다."는 말로 원만한 대인관계의 중요성을 강조하였다. '직장 내에서 나는 어떤 사람인가' 하고 스스로 분석하는 것은 대인관계에서 매우 중요하다. 나 자신, 즉 내 장점은 무엇이고 단점은 무엇인지를 안다면 인간관계의 절반 이상은 이미 성공한 것이다.

이솝우화 **이솝과 활**

이솝이 어린아이들과 장난을 치며 놀고 있었다. 지나가던 이웃 사람이 그런 이솝을 보고 어른이 점잖지 못하게 어린아이들과 어울려 논다고 핀잔을 주었다. 그러자 이솝은 잠자코 현악기의 활을 집어든 뒤 활줄을 느슨하게 풀어 그 사람 앞에 놓았다. 그리고 그에게 말했다. "나는 지금 느슨해진 활 같은 시간을 보내고 있습니다. 계속 줄을 팽팽하게 매어 놓으면 활은 부러지고 맙니다. 그래서 다음 연주를 위해서는 활을 늦추어 놓을 필요가 있지요. 더 나은 다음 연주를 위해서 말입니다."

모든 일에 관대하면 그 복이 저절로 두터워진다. —**《명심보감》** 〈정기편〉

萬事從寬 其福自厚 만사종관 기복자후

엎지러진 물은
다시 담기 어렵다

주周나라 시조인 무왕武王의 아버지 서백西伯이 사냥을 나갔다가 위수渭水(황하의 큰 지류)에서 낚시질을 하고 있는 초라한 노인을 만났다. 이야기를 나누어 보니 학식이 탁월한 사람이었다. 이에 서백은 이 노인이야말로 아버지 태공太公이 '바라고 기다리던待望' 주나라를 일으켜 줄 바로 그 인물이라 여기고 스승이 되어 주기를 청했다.

> 군자는 자신의 의지대로 성공하기를 기다리며 즐기고,
> 소인은 눈앞의 이득만 취함을 즐긴다. **—강태공 《육도삼략》**
>
> 君子 樂道其志 小人 樂得其事 군자 낙도기지 소인 낙득기사

낚시를 하던 노인 태공망太公望(태공이 대망하던 인물이라는 뜻) 여상呂尙(성은 강씨, 속칭 강태공)은 서백의 스승이 되었다가 후에 무왕의 태부太傅

(태자의 스승)와 재상을 지낸 뒤 제나라의 제후로 봉해졌다.

태공망 여상은 이처럼 입신출세했지만 서백을 만나기 전까지는 끼니조차 제대로 잇지 못하는 가난한 서생이었다. 결혼 초부터 굶기를 부자 밥 먹듯 하자 아내는 그만 친정으로 도망가고 말았다. 오랜 세월이 흐른 어느 날, 아내가 여상을 찾아와서 이렇게 말했다. "전엔 끼니를 잇지 못해 떠났지만 이젠 그런 걱정 안 해도 될 것 같아 돌아왔어요." 잠자코 듣고 있던 여상이 곁에 있는 물그릇을 들어 마당에 엎지른 다음 아내에게 말했다. "저 물을 주워서 그릇에 담아 보시오."

지난 일을 탓하지 말라. 이미 엎지른 물은 다시 담기 어렵다. —《현문》

旣往不咎 覆水難收 기왕불구 복수난수

그러나 이미 땅속으로 스며든 물을 어찌 주워 담을 수 있단 말인가. 아내는 진흙만 약간 주워 담았을 뿐이었다. 그러자 여상은 조용히 말했다. "한 번 엎지른 물은 다시 그릇에 담을 수 없는 법(覆水不返盆 복수불반분). 한 번 떠난 아내가 어찌 다시 돌아온단 말이오."

이미 쏟은 우유는 울어도(지난 일은 후회해도) 소용 없다. —윌리엄 길버트[2]

It is no use crying over spilt milk.

---

[2] 윌리엄 길버트Sir William Schwenck Gilbert(1836~1911). 영국의 극작가, 문학가, 시인.

단점을
장점으로 활용하라

곧게 자란 나무가 먼저 베이고, 잘 달리는 말은 쉴 틈이 없다.
못생긴 나무가 산을 지키고, 몸이 불편한 아들은 전쟁터에 나가지 않아서 목숨을 보존
한다. 세상만사가 평등하다. 쓸모없는 것도 다 쓸모가 있다. 사람들은 모두 당장 쓸모
있는 것만 알 뿐, 쓸모없는 것이 참으로 쓸모 있게 됨을 모른다.

위기는
곧 기회다

지금 나에게 닥쳐온 위기가 사실은 기회일 수 있다. 위기가 찾아왔을 때 극복하는 길은 다가온 모든 상황을 탓하지 말고 겸허히 받아들이는 것이다. 현실을 인정하지 않고 불평불만만 늘어놓으면 기회는 왔다가도 달아나 버린다. 어떤 경우에도 희망을 놓지 말라. 희망은 생명을 살리는 기적을 낳기도 한다.

전국시대 합종책合從策으로 한·위·조·연·제·초의 여섯 나라 재상을 겸임한 소진蘇秦이 《전국책戰國策》의 〈연책燕策〉에서 다음과 같은 말을 했다.

일을 잘 처리하는 사람은

화를 복으로 만들고 실패를 성공으로 바꾼다.

智者之擧事也 轉禍而爲福 因敗而爲功者也 지자지거사야 전화이위복 인패이위공자야

악운은 때론 행운을 가져다준다. —**토머스 풀러**[1]

Bad luck often brings good luck.

강인한 정신력과 불굴의 의지로 끊임없이 노력하며 힘쓰면 불행도 행복으로 바꾸어 놓을 수 있다. 유리함 속에 불리함이 있다. 우리 인생은 낮과 밤이 교차하듯 좋은 일과 나쁜 일이 서로 같이 붙어 다닌다. 밤이 되면 낮을 기다리고, 낮이 되면 밤을 생각해서 빛을 나누며 살아가야 하는 것이 인생이다.

행복은 때로는 불행에서 온다. —**프랑스 속담**

Un bonheur vient parfois d'un malheur.

탈무드 　**화禍가 때로는 복福이 된다**

랍비 아키바가 당나귀, 개와 함께 여행을 떠났다. 날이 저물자 어느 헛간에 들어가 등불을 밝혀 놓고 책을 읽었다. 그런데 갑자기 바람이 불어 등불이 꺼져서 일찍 잠자리에 들었다. 그런데 자는 동안 여우가 그의 개와 당나귀를 죽였다. 아침이 되어 마을로 들어간 그는 밤 사이 도둑들이 마을에 들이닥쳐 마을 사람들을 모두 몰살시켰다는 것을 알게 되었다. 만일 등불이 꺼지지 않아서 당나귀와 개가 도둑을 보고 시끄럽게 굴었다면 어떻게 되었을까? 랍비 아키바는 이렇게 전한다. "사람은 최악의 상황에서도 희망을 놓아서는 안 된다. 나쁜 일이 때로는 좋은 일이 될 수도 있다."

---

[1] 토머스 풀러Thomas Fuller(1608~1661). 영국의 성직자, 역사가, 작가.

인간만사人間萬事
새옹지마塞翁之馬

새옹지마塞翁之馬란 인생의 길흉화복吉凶禍福은 변화가 많아서 예측이
어렵다는 말로, 《회남자淮南子》[2]의 〈인간훈人間訓〉에 나오는 다음의 이
야기에서 유래되었다.

변방에 사는 한 노인塞翁이 기르던 말이 달아나서 오랑캐들이 사는
국경 너머로 가 버렸다. 마을 사람들이 위로하고 동정하자 노인은
"이것이 복이 될지 누가 알겠소." 하고 낙심하지 않았다. 몇 달 후 달
아났던 말이 오랑캐의 말을 한 필 끌고 돌아오자 사람들이 이를 축하

---

[2] 《회남자》에는 촌철살인의 명구들이 적지 않다. 새옹지마 외에도 사슴을 쫓는 사람은 산을 보
지 못하고 돈을 움키는 사람은 사람을 보지 못한다, 여러 사람이 우기면 평지도 숲이 되고 날
개 없이도 날 수 있다, 천 리나 되는 제방도 땅강아지와 개미가 뚫은 조그만 구멍으로 물이 새
어 나온다 등의 구절이 유명하다.

해 주었다. 그러자 노인은 "이것이 또 무슨 화가 될지 누가 알겠소." 하며 조금도 기뻐하지 않았다. 그러던 어느 날 노인의 아들이 그 말을 타고 달리다가 떨어져 다리가 부러졌다. 아들이 다리를 못 쓰게 된 데 대해 사람들이 위로를 건네자 이번에도 노인은 "그것이 혹시 복이 될지 누가 알겠소."라며 태연해했다. 1년 후 오랑캐들이 쳐들어와 장정들이 싸움터에 나가 모두 전사했는데 노인의 아들은 다친 다리 때문에 전장에 나가지 않아 무사할 수 있었다.

화복은 동행한다. —**서양 속담**

You have to take the good with the bad.

이솝우화 **돌멩이를 낚아 올린 어부**

어부 여러 명이 그물을 끌어올리고 있었다. 그물이 무거워 다들 어마어마하게 많은 물고기가 잡힌 줄 알고 기뻐했는데 그물을 해변까지 끌어당기고 보니 돌과 잡동사니만 가득했다. 모두들 실망을 하는데 그 중 제일 나이가 많은 어부가 말했다. "자, 너무 낙담하지 말게. 기쁨과 슬픔은 형제라네. 우리가 미리 기뻐했으니 그 뒤에 슬픔이 따라오는 것은 당연한 일이지."

_인생길에는 양지와 음지가 쉴 새 없이 바뀐다.

화는 복이 기대어 있는 곳이요,

복은 화가 숨어 있는 곳이다. —**〈노자도덕경〉**

禍兮福所倚 福兮禍所伏 화혜복소의 복혜화소복

쓸모없는 것도
쓸모가 있다

無用之用

혜자惠子가 장자莊子의 땅이 아무 쓸모가 없다고 하자 장자가 말했다. "사람이 서 있기 위해서는 땅이 아무리 넓다 해도 발 닿는 부분만 있으면 되지. 하지만 그렇다고 해서 발 닿는 곳만 남기고 나머지를 파버린다면 어찌 걸을 수 있겠는가. 때로는 쓸모없어 보이는 것도 다 쓸모가 있는 거라네."

나무꾼이 잎만 무성한 나무를 쓸모가 없다고 자르지 않는 것을 보고 장자가 제자에게 말했다. "저 나무는 쓸모가 없기에 자기 수명을 다 사는 것이다."[3]

> 세상 만물치고 쓸모없는 것이란 없다. —〈장자〉
>
> 則萬物莫不有 즉만물막불유

---

[3] 《장자》〈인간세편人間世篇〉

장자는 "사람들이 모두 유용有用의 용用만 알 뿐, 무용無用의 용用은 모른다."라고 했다. 사람이든 자연이든 본성 그대로 놓아두는 것을 가치 있게 여겼던 장자는 무용지용無用之用, 즉 '쓸모없는 것이 쓸모 있다.'는 역설의 지혜를 가르쳤다.

탈무드 **쓸모없는 거미줄의 쓸모**

다윗 왕은 평소 거미가 아무 데나 거미줄을 치는 쓸모없는 벌레라고 생각했다. 그러던 중 전쟁에서 적에게 포위당해 간신히 동굴로 피신했는데, 그때 마침 거미 한 마리가 동굴 입구에 거미줄을 쳤다. 다윗 왕을 쫓아 온 적군들이 동굴에 다다랐을 때, 입구에 거미줄이 쳐져 있는 것을 보고는 "동굴에는 들어가지 않은 것이 틀림없어." 하며 돌아갔다. 세상의 어떤 것도 쓸모없는 것은 없다.

손해 보는 사람이 있으면 득을 보는 사람도 있듯이, 나에게 쓸모없는 것이 다른 사람에게는 쓸모 있을 수도 있다. 뛰어난 목수에게 거대한 상수리나무는 참으로 쓸모가 없다. 배를 만들 수도 없고, 널을 짤 수도 없고, 그릇이나 문이나 기둥으로도 쓸 수 없다. 그러나 상수리나무는 바로 그 쓸모없는無用 점 덕분에 오래 사는 것이다.

사람들이 사물을 자기의 '쓸모'라는 잣대로만 보는 것이 얼마나 터무니없고 또 '진짜 쓸모'를 모르게 하는지 모른다. 인간의 그 편견 때문에 역설적으로 상수리나무는 오히려 천수를 누리며 살고 있다.

반듯한 나무가
먼저 베인다

곧게 자란 나무는 목재로 쓰이기 위해 먼저 베이고, 맛이 달콤한 우물물은 온 동네 사람이 다 퍼가서 먼저 마른다. 그처럼 우리가 추구하는 유용함도 더 큰 관점에서 보면 결국 스스로를 해치는 것일 수도 있다.

곧은 나무는 먼저 베이고 물맛이 좋은 우물은 먼저 마른다. —《장자》〈외편〉

사람은 그 재능으로 인하여 오히려 죽음을 재촉한다. —《묵자》

直木先伐 甘井先竭 직목선벌 감정선갈

人者寡不死其所長 인자과불사기소장

사람이 착하면 속임을 당할 수 있고

말이 잘 달리면 사람이 즐겨 타려고 한다. —《현문》

人善被人欺 馬善被人騎 인선피인기 마선피인기

묵자墨子는 이런 말을 했다. "다섯 개의 송곳이 있으면 제일 먼저 부러지는 것은 제일 예리한 송곳이다. 칼 중에서도 제일 먼저 닳아 없어지는 것은 제일 잘 드는 칼이다."

속으로 영리할지라도 밖으로는 바보인 듯 행동하라.
총명을 남김 없이 드러내면 화를 야기하고 재앙을 부른다. —《현문》
內要伶悧 外要癡保 내요령리 외요치보
聰明精盡 惹禍招災 총명정진 야화초재

커다란 박을 본 혜자가 "너무 커서 물을 담아 들 수 없으니 쓸모가 없군." 하고 말하자, 장자가 "그렇다면 큰 술통으로 만들어 강물에 띄 워 놓고 물놀이를 하면서 즐기는 데 쓰면 될 것 아닌가?" 하고 답했 다. 혜자는 이미 마음속에 쓸모를 정해 놓고 사물을 판단한 반면, 장 자는 사물을 보고 쓸모를 찾아냈다. 보는 이의 눈과 마음에 따라 세 상만물은 모두 나름의 쓰임새가 있다.

집짓는 자들이 버린 돌이 집 모퉁이의 머릿돌이 되었나니
이는 여호와께서 행하신 것이요, 우리 눈에 기이한 바로다.
—〈시편〉 118 : 22-23

This is the LORD'S doing; it is marvellous in our eyes. The stone which the builders refused is become the head stone of the corner.

못생긴 나무가
산을 지킨다

《장자》〈인간세편〉에는 어느 사당 앞에 커다란 상수리나무가 있는데, 재목으로는 쓸모가 없어서 오랫동안 그대로 사당 안에서 온전하게 살아 있게 되었다는 대목이 나온다.

휘어진 것이면 온전하게 되고 굽은 것이면 곧게 된다.
빈 웅덩이는 채워지고 낡은 것은 새것이 되며,
적으면 얻게 되고 많으면 잃게 된다. —**〈노자도덕경〉**
曲則全 枉則直 窪則盈 弊則新 少則得 多則惑
곡즉전 왕즉직 와즉영 폐즉신 소즉득 다즉혹

곡즉전曲則全, "구부러진 나무는 온전하게 보존된다."는 노자의 가르침이다. 우리가 살아가는 세상에는 이와 유사한 교훈이 많이 있다.

왕즉직枉則直, 굽은 것은 바르게 펼 수 있다. 자벌레는 몸을 굽힘으로써 몸을 쭉 뻗을 수 있고, 굽힌 몸을 뻗어서 앞으로 나아간다.

외즉영窪則盈, 빈 웅덩이는 무언가로 채워진다. 낮은 곳은 물론이고 높은 산꼭대기에도 큰 호수나 웅덩이를 파 놓으면 시간이 지나면서 물이 고이고 물고기가 살게 된다.

폐즉신弊則新, 낡은 것이 새것이 된다. 집이 낡고 허물어지면 새 집을 짓게 된다. 상암동 쓰레기 하치장이 하늘공원과 월드컵경기장이 되고 수십 년 동안 외국군이 주둔했던 용산이 서울의 중심으로 탈바꿈되는 것도 다 낡은 것이 새것이 되는 원리에 의한 것이다.

소즉득少則得, 적으면 얻게 된다. 소욕지족少欲知足, 욕심이 적은 사람은 구함이 적기 때문에 번뇌가 적다. 욕심이 적으면 마음의 만족을 얻을 수 있다.

다즉혹多則惑, 많으면 헷갈리게 된다. 가지 많은 나무 바람 잘 날 없듯이, 지식이 많으면 갈피를 잡지 못하게 된다.

자식 중에도 공부 잘하고 똑똑한 자식은 출세해서 도시로 나가기 때문에 부모를 가까이에서 모시지 못한다. 반면에 제대로 배우지 못했거나 덜 똑똑한 자식은 부모를 모시고 집안을 돌보며 결국은 부모님의 운명까지 지키는 경우가 많다.

《시경詩經》의 〈학명鶴鳴〉에 나오는 시 중에 '타산지석 가이공옥他山之石 可以攻玉'이라는 구절이 있다. 돌石을 소인小人에, 옥玉을 군자君子에 비유한 말로, 소인도 군자가 수양과 학덕을 쌓는 데 도움이 될 수 있다는 뜻이다. 타인의 평범한 언행을 통해서도 자신의 인격을 닦을 수 있고, 쓸모없는 것이나 사람도 쓰기에 따라서는 유용한 쓰임이 있을 수 있다.

이솝우화 **전나무와 가시나무**

어느 날 전나무와 가시나무가 다투었다. 전나무가 먼저 으스대며 말했다. "쭉쭉 뻗은 멋진 내 몸매를 좀 봐. 나는 군함이나 상선의 갑판을 장식하는 큰 임무를 맡고 있어. 네가 감히 나랑 비교하다니." 가시나무가 답했다. "네가 만약 너를 잘라낼 도끼와 톱을 안다면, 나처럼 살고 싶다고 말할 걸?"

_잘생긴 나무가 가장 먼저 잘려 나간다.

굽힌다는 것은 자신을 낮추는 것이다. 나를 낮추고 드러내지 않음으로써 나의 삶도 온전하게 유지할 수 있는 것이다. 겸손하고 자신을 드러내지 않으며 공을 세워도 드러나게 자랑하지 않는 것이 도의 기본이요, 처세의 기본이다.

아는 만큼만
아는 척하라

자신이 아는 만큼만 이야기해야 한다. 얕은 지식으로 아무 데나 나서거나 남을 얕보고 비웃다가는 낭패를 볼 수 있다.

아는 사람은 말하지 않고, 말하는 사람은 알지 못한다. —**〈노자도덕경〉**

知者不言 言者不知 지자불언 언자부지

노자는 말의 중요성을 강조하고 말로 인한 오류를 경계하였다. 구곡주九曲珠[4]에 얽힌 재미있는 이야기를 통해서도 말의 중요성을 새길 수 있다.

많은 이들에게 성인이라 추앙받던 공자였지만 어느 날 그만 말실

---

[4] 아홉 구비의 구멍이 뚫린 구슬.

수를 하고 말았다. 제자들을 거느리고 이 나라 저 나라를 주유하다가 송나라 광匡이란 곳에 이르렀는데, 길가에서 뽕을 따는 박색의 여인을 보고는 "어찌 저리 못생겼을고" 하며 혀를 찼다. 이 말을 들은 그 여인은 보통 여인이 아니었던지 화를 내는 대신 공자의 제자 자로子路에게 "당신 스승이 어려운 일을 당하거든 나를 찾아오시오."라고 말했다.

얼마를 더 가다가 공자는 광나라 사람들에게 폭정을 한 양호陽虎로 오인되어 죽음의 위기에 처했다. 제자 자공子貢이 나서서 "우리 스승은 성인聖人입니다."라고 군중을 설득했으나 아무 소용이 없었다. 그들은 "성인이라면 초인적인 능력이 있을 것이니 능력을 보여 주시오." 하고 구곡주를 던져 준 뒤 그 구슬에 실을 꿰어보라고 했다. 공자가 구슬을 받아 보니 구멍이 꾸불꾸불하여 도저히 실을 꿰어 넣을 수가 없었다.

그때 자로가 그 여인의 말이 생각나서 찾아가 깊이 사죄하고 방법을 묻자, 여인은 다음과 같이 알려 주었다. "구슬을 꿀물에 담가 구멍에 꿀물이 배어들게 한 뒤, 개미 허리에 실을 매어 두면 개미가 꿀물을 핥아먹으려고 구멍 속으로 들어가고, 꿀을 다 먹고는 반대편으로 나올 것이오. 그러면 실은 자동적으로 꿰어집니다." 여인의 지혜 덕분에 위기를 넘긴 공자는 여인을 찾아가 깊이 사과하였다. 공자는 그 여인이 자기의 비웃음을 개의치 않고 도움을 준 것에 감동했다. 이후 다시는 남을 무시하거나 비웃지 않았음은 물론이다.

현명한 사람은 모든 사람에게서 배운다. 착한 사람에게서는 선을 배우고 악한 사람에게서는 악의 원인과 결과를 관찰하여 배운다.

세 사람이 길을 가면
반드시 스승이 될 만한 이가 있으니, 그중 옳은 이를 가려 따르고
옳지 못한 이를 가려내 잘못을 고쳐야 한다. —《논어》
三人行 必有我師焉 삼인행 필유아사언
擇其善者而從之 其不善者而改之 택기선자이종지 기불선자이개지

박식한 학자와 슬기로운 현인은 그 차원이 다르다. 학자는 많지만 현인은 드물다. 마음의 문을 활짝 열고 모든 사람에게서 날마다 배우고자 하는 의지와 정열을 가진 사람이 진정으로 현명한 사람이다.

알면서도 모르는 체함은 훌륭한 처세이고
알지 못하면서 아는 체하는 것은 병이다. —《노자도덕경》
知不知上 不知知病 지부지상 부지지병

모르면서 아는 척하는 것은 거짓말쟁이와 같다. 이는 남을 속이기 전에 자기 자신을 속이는 것이므로 자신을 도둑질하는 짓이다. 내 마음이 맑고 깨끗해야 앎이 진실해진다.

6

선배의 경험을
자신의 것으로 만들어라

인생은 단 한 번의 실험이다. 선천적으로 현명한 사람은 없으며, 경험이 수반되지 않은
지식은 매우 불안한 것이다. 경험이란 각자가 겪고 실수한 일들의 이름이다. 늙은 소가
밭고랑을 가장 잘 만든다는 속담처럼 경험은 짐승조차 현명하게 만든다.
세상을 마음으로 볼 수 있는 나이 든 선배에게서 지혜를 배운다.

한 가지 일에서
한 가지를 배운다

경험이란 실패와 성공을 거듭한 사람들이 확인한 중요한 포인트라 할 수 있다. 사람은 다른 사람들의 다양한 경험을 통하여 배우고 익혀서 내 것으로 만든다. 그렇게 습득한 간접경험은 사업이나 인생에 자연스럽게 활용된다.

한 가지 일을 경험하지 않으면 한 가지 지혜가 생겨나지 않는다. —**《명심보감》**

不經一事 不長一智 불경일사 부장일지

인생은 연습이나 반복이 없는 한 번의 실험이다. 경험이란 각자가 겪고 실수한 일들의 이름이다. 그래서 옛부터 전해 내려오는 속담이나 명언이 다른 사람의 삶에 지혜가 되는 것이다. 늙은 소가 밭고랑을 가장 잘 만든다는 속담처럼 경험은 짐승조차 현명하게 만든다.

경험은 바보조차 현명하게 만든다. —**서양 속담**

Experience makes even fools wise.

머리 좋은 학생들이 고시와 같은 어려운 시험에 젊은 나이에 합격할 수는 있지만, 어른들이 오랜 시간 축적한 삶의 값진 경험은 하루아침에 따라잡을 수 없다. 그래서 성공하고 실패한 사람들의 자서전이나 선인들의 오랜 경험을 바탕으로 만들어진 속담 등이 젊은이들의 인생에 큰 지침이 되는 것이다.

경험은 최고의 스승이다.

경험은 창조할 수 없고 단지 겪는 것이다. —**서양 속담**

Experience is the best teacher.

You cannot create experience, you must undergo it.

탈무드 **삶의 지혜**

새로 담근 포도주는 신맛이 난다. 그러나 오래 두면 둘수록 맛이 좋아진다. 지혜도 마찬가지로 해를 거듭할수록 더 깊어진다. 현인은 돈의 위력을 알지만, 부자는 지혜의 위력을 모른다.

경험은 지식의 어머니다. —**니콜라스 브레턴**[1]

Experience is the mother of knowledge.

---

[1] 니콜라스 브레턴Nicholas Breton(1545~1626). 영국의 시인, 소설가.

노마지지

老馬之智

나이 든 사람에게서 지혜를 배운다. 나이 들면서 얼굴에 늘어나는 주름살은 인생의 나이테다. 인생의 나이테는 세상을 마음으로 볼 수 있는 심안心眼이 생겼다는 증거다. 내게 없는 것, 나를 떠나는 것에 집착하지 않고, 내가 가진 것에 감사할 줄 아는 것이 세월이 가져다 주는 지혜라는 선물이다. 그러므로 나이 든 윗사람의 지혜를 경청하고 따라 그것을 곧 나의 것으로 만들기 위해 힘써야 한다.

경험이 수반되지 않은 지식은 매우 얕은 것이다.
선천적으로 현명한 사람은 없으며, 시간이 모든 것을 완성한다. —**서양 속담**
Information's pretty thin stuff, unless mixed with experience.
Time ripens all things; no man's born wise.

성공하는 사람들은 경험이 많은 사람들의 귀중한 조언에 귀를 기울이고 올바른 길을 찾아 간다.

　백전노장百戰老將의 전략이 격전에서 생명을 지켜 내며 직접 경험하고 체득한 지혜라면, 풋내기 장교의 머릿속에 담긴 군사학 교본은 아직 숙성되지 않은 겉절이 김치에 불과하다.

학식이 있는 사람보다는 경험이 있는 사람에게 물어보라. —**사우디아라비아 격언**
　　　Ask the experienced rather than the learned.

　'노마지지老馬之智' 또는 '노마식도老馬識途'의 유래에 대해서 알아보자.

　춘추시대 때, 제나라의 명재상 관중과 대부 습붕濕朋은 환공을 따라 고죽국孤竹國을 정벌하러 갔다. 그런데 갈 때는 봄이었는데 올 때는 겨울이라서 악천후 속에 그만 길을 잃고 말았다. 모두가 길을 찾으려고 우왕좌왕하자, 관중이 말하기를 "이럴 때는 늙은 말의 지혜老馬之智가 필요합니다."라고 말했다. 늙은 말은 본능적으로 길을 찾아갈 수 있다고 본 것이다. 그의 말대로 늙은 말을 풀어놓고 따라가다 보니 마침내 길을 찾게 되었다. 이번에는 산속을 가다가 물이 떨어져 갈증으로 심한 고생을 하게 되었다. 그러자 습붕이 말하기를 "개미는 겨울에는 산 남쪽에 집을 짓고 여름에는 산 북쪽에 집을 짓습니다. 개미집이 있는 곳에서 지하 여덟 자를 파면 물이 나옵니다."

라고 하였다. 일행이 개미집을 찾아내 땅을 파자 정말 물이 솟아나왔다. 이처럼 말이나 개미 같은 하찮은 미물에게서도 지혜를 배울 수 있다. ―《한비자》〈세림편〉

그리스의 신전이나 신비한 잉카문명의 옛 성곽 마추피추 같은 유적에서 선조들의 지혜와 역사가 살아 숨쉬듯, 나이 많은 어른들의 얼굴에 패인 한 줄 한 줄의 주름살에는 그들의 경험과 지혜가 배어 있다.

> 세상살이에 관한 지식은 다만 세상 속에서 얻어지는 것이지
> 책상 앞에서 얻을 수 있는 것이 아니다. ―서양 속담
> The knowledge of the world is only to be acquired
> in the world, and not in a closet.

사람들은 자신이 소화하지도 못한 설익은 지식을 아집으로 내세우는 경우가 있다. 이런 경우를 식자우환識字憂患이라고 한다.

앎에는 이해한 앎과 체험으로 터득한 앎이 있다. 밖에서 얻어 단순하게 이해한 앎은 지식知識이고, 경험을 통해 내 안에서 내 것으로 터득한 숙성된 앎이 지혜智慧이다.

> 지식에서 앎이 생기고, 앎에서 판단력이 생긴다. ―《현문》
> 知生識 識生斷 지생식 식생단

헤매는 것보다
물어보는 것이 낫다

모르는 길을 갈 때는 헤매는 것보다 물어보는 것이 현명하다. 그것이 실수나 사고를 미연에 방지하고 효율과 생산성을 높이는 길이다.

묻기를 좋아하면 여유가 생기고 자기 뜻대로만 하면 협소해진다.
세 갈래 길에서 가는 길을 알려거든 길 가는 사람에게 물어보라. ─**〈현문〉**

好問則裕 自用則小 호문즉유 자용즉소

欲知三叉路 須問居來人 욕지삼차로 수문거래인

인생은 연습이 없다. 단 한 번뿐이다. 인생을 살다 보면 때로는 두 갈래 세 갈래 길에서 갈피를 잡지 못하는 경우도 있다. 그럴 때마다 경험해 본 사람만이 바른 길을 안내할 수 있는 것이다.

첫 단추를 잘못 끼우면 단추 전체를 잘못 끼우게 될 것이다. —**괴테 〈산문금언집〉**

If you miss the first button-hole,

you will not succeed in buttoning up your coat.

젊은이들이 산전수전山戰水戰 다 겪은 어른들의 지혜를 겸허히 배워서 자신의 것으로 활용한다면, 더 풍요롭고 여유로운 인생을 살 수 있다. 세상을 살아본 사람의 조언을 듣고 따라 배우는 것, 이것이 삶의 경영학인 동시에 인생의 MBA 과정인 것이다.

어리석을수록 자신의 의견대로 하기를 좋아하고

비천할수록 자기 멋대로 행동하기를 즐겨한다. —**〈중용〉**

愚而好自用 賤而好自專 우이호자용 천이호자전

탈무드에 "인생이란 현인에게는 꿈이요, 어리석은 사람에게는 게임이요, 부자에게는 희극이요, 가난한 사람에게는 비극이다."라는 말이 있다. 인생을 실수 없이 즐겁게 살려면 경험이 있는 사람에게 자주 물어보라.

틀린 길을 가느니 돌아가는 것이 낫다.(아는 길도 물어가라.)—**서양 속담**

Better go back than go wrong.

7

분재가 되지 말고
나무가 되라

사회적으로 성숙되기 전에 어느 순간 성장이 멈춘 사람이 인간 분재이다.
분재는 다시 비옥한 땅에 옮겨 심어도 정자나무로 자라지 못한다.
나무나 사람이나 제때 자라날 기회를 놓친 것이 분재이다.

일에는
순서가 있다

물고기가 물을 있게 하는 것이 아니라 물이 물고기를 있게 한다. 사람이 도道를 이루는 게 아니라 도가 사람을 이루게 한다. 물과 도가 본本이요, 물고기와 사람이 말末이다. 모든 일은 자연의 도리에 따라 이루어진다.

사물에는 근본(원인)과 말단(결과)이 있고 일에는 끝과 시작이 있다.
먼저 할 것과 나중에 할 것을 구별할 줄 알면 곧 도(경지)에 가깝다. —《대학》

物有本末 事有終始 물유본말 사유종시

知所先後 則近道矣 지소선후 즉근도의

현명한 사람이 맨 먼저 하는 일을 어리석은 사람은 맨 나중에 한다. 둘 다 같은 일을 하지만 때가 다른 것이다. 이성적인 판단력이 부족한 사람은 매사 앞뒤를 바꿔서 하고 시행착오를 되풀이하며 산다. 일류 요리사는 같은 재료를 가지고도 먼저 익혀야 할 것과 나중에 익혀야 할 것을 분명히 구별할 줄 알며, 현명한 사람은 모든 일을 순서에 맞추어서 진행한다.

일은 선후를 알고 근본과 말단을 순서대로 다스려야 한다. 사람의 건강도 마찬가지다. 지병을 고치고 보약을 먹어야지 지병은 고치지 않고 보약만 먹으면 병을 키우게 된다. 사회질서를 잡는 것도 질서 문란의 원인을 찾아 바로잡아야 하는 것이다.

수도꼭지가 고장났는데 밑에서 걸레질만 한다고 흘러나오는 물을 막을 수 있겠는가?

이솝우화 **무능한 선생님**

강가에서 놀던 아이가 발을 헛디뎌 깊은 강물에 빠져 허우적거리며 살려달라고 외쳤다. 마침 그곳을 지나가던 선생님이 아이의 외침을 듣고 달려갔다. "그렇게 위험한 곳에서 놀면 어떡하니? 그러다 빠져 죽어." "선생님 우선 저를 구해 주세요. 저부터 구해 주고 나서 야단쳐도 되잖아요!"

_모든 일에는 순서가 있다.

마차를 말 앞에 놓지 말라. (일에는 선후가 있다.)—**서양 속담**

Don't put the cart before the horse.

흐르는 물은 바다를 향해 나아가되, 반드시 작은 웅덩이들부터 하나씩 다 채운 뒤에야 이르게 된다. 군자가 도道에 이르기 위해 노력하는 방법도 이와 마찬가지다. 한 단계 한 단계 이루어 나아가지 않고서는 성인의 경지에 다다를 수 없다. —〈맹자〉

만약 근본(기본)에 힘쓰지 않고 말단(목적)을 다스리는 데만 힘쓴다면, 이것은 뿌리를 제쳐 두고 가지에 물을 주는 것과 같다. —〈회남자〉

今不知事治其本 而務治其末 금부지사치기본 이무치기말

是釋其根 而灌其枝也 시석기근 이관기지야

화분의 꽃을 키우는 데 가지에만 물을 주고 뿌리에는 주지 않는다면 그 꽃나무가 얼마나 가겠는가?

모든 일은 전후좌우가 힘의 균형을 이루어야 매끄럽고 깔끔하게 매듭지을 수 있다. 조직 내에 정해진 형식과 절차를 거치지 않고 윗사람이 일방적으로 지시만 하면 아랫사람은 반발하기 마련이다. 밑에서 서류만 올리고 위의 결재권자에게 시급한 사안들을 구체적으로 설명하지 않으면 일이 제대로 이루어지지 않는다. 일은 앞뒤가 잘 맞아떨어져야 원활히 이룰 수 있다.

사람은 하지 말아야 할 것을 안 뒤에야

비로소 해야 할 것이 무엇인지를 제대로 알게 된다. —《맹자》

人有不爲也而後 可以有爲 인유불위야이후 가이유위

언 땅에 씨를 뿌리면 싹이 트지 않는다. 땅이 녹은 후에 씨앗을 심어야 하듯이 모든 일에는 순서가 있다. 아무리 똑똑하고 훌륭한 사람이라도 일의 순서와 순리를 외면하면 결국은 실패하게 된다.

사람은 가슴으로 대해야 변한다. 사람이 변해야 모든 일이 이루어진다. 상대가 왜 반대하는지, 왜 변하지 않는지 파악하려고 노력하지도 않고 자기 주장만을 밀고 나가는 것은 참으로 어리석은 짓이다.

때란 그에 상응한 때가 있고,

행동은 그에 맞는 이유가 있어야 한다. —《설원》

時在應之 爲在因之 시재응지 위재인지

소용所用이 되고 소용이 되지 못하는 것은 반드시 좋고 나쁨 때문이 아니라 소용의 때를 만나기 때문이다. 어제 필요했던 것이 오늘은 버려질 수도 있고, 오늘 버리는 것이 내일 다시 필요할 수도 있다. 무엇이 좋다고 해서 항상 좋은 것은 아니다. 그에 맞는 때가 있다.

모든 일에는
때가 있다

아무리 성능이 좋은 농기구를 갖고 있다 하더라도 때 맞춰 씨 뿌리고 가꾸지 않는다면 수확하기 어렵다. 비록 낡은 농기구를 가지고 있다 해도 제때 씨 뿌리고 김 매고 가꾸면 풍성한 수확을 거둘 수 있다. 이러한 농사의 이치처럼 인간만사도 다 때가 있는 법이다. 봄에 씨를 뿌려야 파란 새싹이 돋아나고 여름에 녹엽이 울창하게 자라 가을에 열매를 거두어들이는 것이다.

비록 좋은 농기구를 가지고 있더라도
때를 기다려 농사짓는 것만 못하다. —《맹자》

雖有鎡基 不如待時 수유자기 불여대시

나무 분재를 보면, 아주 작은 나무가 화분에서 꽃도 피고 열매도

맺는다. 하지만 분재는 처음부터 분재가 아니다. 환경이 척박한 곳에서 자라면서 크지 못한 나무를 작은 화분에 옮겨 심어 더 자라지 못하게 만든 것이 분재이다.

모든 일에는 때가 있다. —**서양 속담**

There is a time for everything(Everything in good time).

마찬가지로 사람 중에도 인간 분재가 있다. 사회적으로 성숙하기 전에 어느 순간 성장이 멈춘 사람이 인간 분재인 것이다. 분재는 다시 비옥한 땅에 옮겨 심어도 정자나무로 자라지 못한다. 나무나 사람이나 제때 자라날 기회를 놓치면 제대로 성장할 수 없다.

모든 것은 제때 제 모습으로 자라고 성숙하여야 한다. 사람도 사회에 진출할 시기, 즉 일을 시작해야 할 적령기가 있다. 한강물이 꽁꽁 얼었는데 기름 몇 통 붓고 불을 지른다고 강이 녹지는 않는다. 날씨가 풀리고 봄이 와야 얼음이 녹는 법이다. 이것이 바로 때이다.

일이 되고 안 됨은 때가 있기 마련이다. —**〈순자〉**

遇不遇者時也 우불우자시야

충분한 준비 없이 임하면 성공하기 어렵고, 애써 준비했어도 좋은 시점에 시작하지 않으면 실패하기 쉽다. 막연히 어떤 우연에 의한 행운을 기대하지 말고, 인생에 꼭 찾아오기 마련인 한두 번의 기회를 잡기 위해 평소 철저히 준비해야 한다.

세월은 다시 돌아오지 않는다. 한 번 지나간 청춘은 다시 오지 않고, 하루가 지나면 그 새벽은 다시 오지 않는다. 때가 되면 마땅히 스스로 공부에 힘써야 한다. 세월은 사람을 기다려 주지 않는다. 오늘을 잘 살아야 한다.

현명한 사람은 기회를 행운으로 바꾼다. —**토머스 풀러**
A wise man turns chance into good fortune.

이솝우화 **어리석은 여우**

몹시 굶주린 여우가 목동들이 참나무 구멍 속에 넣어 둔 빵조각과 고기를 발견하고는 억지로 비집고 들어가서 정신없이 먹어치웠다. 하지만 배가 불룩해진 여우는 구멍 밖으로 나올 수가 없어서 울음을 터뜨리고 말았다. 이때 지나가던 다른 여우가 무슨 일인지를 묻고는 "걱정하지 마, 몸이 홀쭉해질 때까지 기다리면 돼."라고 말했다.

춘추시대 제나라의 사상가이며 정치가인 관중이 지은 《관자》에는 기회를 대비한 준비를 강조하는 말이 있다.

준비하여 때를 기다리고 때가 되면 일을 성공시킨다. —《관자》
以備待時 以時興事 이비대시 이시흥사

윗사람에게 아부하지 말고
아랫사람에게 함부로 하지 말라

사회예절은 나와 너, 우리의 관계로 가는 데 필요한 필수 요소다. 자신이 몸담은 조직에서 화합을 이루고 즐겁게 생활하려면 다른 구성원에 대한 배려가 필요하다. 윗사람은 아랫사람에게 함부로 하지 말고, 아랫사람은 윗사람에게 아부하지 말아야 한다.

> 윗사람이 예의가 없으면 아랫사람을 부릴 수 없고,
> 아랫사람이 예의가 없으면 윗사람을 모실 수 없다. —《명심보감》
> 上無禮無以使下 下無禮無以侍上 상무례무이사하 하무례무이시상

부모처럼 의지하고 싶은 상사, 가족같이 보살피고 싶은 부하와 직장동료들이 모여 있는 조직에 일사불란한 지휘체계가 갖춰진다면 그 조직은 반드시 성공한다.

대부분의 사람들이 윗사람에게 보고를 할 때 무엇을 어떻게 말해야 할지 고민한다. 윗사람의 스타일에 따라 다르겠지만, 적어도 관리자들이 원하는 답은 있기 마련이다.

　　윗사람이 믿음이 없고 아랫사람이 충성심이 없이 상하가 불화하면
　　비록 겉으로는 편안해 보이더라도 틀림없이 위험이 닥쳐온다. —《설원》
　　上不信 下不忠 상불신 하불충
　　上下不和 雖安必危 상하불화 수안필위

　　윗사람에게 보고할 때는 일의 전반적인 상황과 더불어 나의 의견을 전달해야 한다. 또 한발 더 나아가 그 일의 해결방안까지 전달하면 관리자의 두터운 신뢰를 얻게 된다. 큰일은 반드시 윗사람에게 보고한 후 지시에 따라야 하고 작은 일, 즉 전결 범위에 해당하는 일들은 집행하면서 구두보고 등으로 설명하면 된다.

　　윗사람이 청빈하면 아랫사람은 바르고 백성은 순박하다. —《설원》
　　上淸而無欲 則下正而長樸 상청이무욕 즉하정이장박

비밀을 지켜라

《손자병법》〈모공편謀攻篇〉에 다음과 같은 글이 실려 있다.

적과 아군의 실정을 잘 알고 싸운다면 백 번을 싸워도 결코 위태롭지 않다.
적의 실정을 모르고 아군의 전력만 알고 싸운다면 승패의 확률은 반반이다.
적의 실정은 물론 아군의 전력조차 모르고 싸운다면 싸울 때마다 반드시 패한다.
知彼知己 百戰不殆 不知彼而知己 지피지기 백전불태 부지피이지기
一勝一負 不知彼不知己 每戰必敗 일승일부 부지피부지기 매전필패

전쟁이나 경쟁에서 상대의 전력이나 작전 또는 기밀을 미리 알면
백전백승할 수 있다. 반면에 아군의 비밀이 상대에게 미리 알려진다
면 패할 수밖에 없다. 조직원에게 조직의 기밀유지, 즉 보안은 아주
중요한 필수의무사항이다. 자신이 속해 있는 조직의 기밀사항을 아무

생각 없이 떠벌리고 다니는 사람은 조직의 장래를 위험하게 만드는 암적인 존재이다.

계획하는 일이 누설되면 공을 이룰 수 없고,

계획 자체를 세우지 않으면 아무것도 이루지 못한다. —《설원》

謀泄則無功 計不成則事不成 모설즉무공 계불성즉사불성

세상만사에는 상대가 있고 때로는 치열한 경쟁이 있다. 마치 전쟁과 같다. 상대를 알고 나를 알면 백전백승, 전쟁의 승리를 거머쥘 수 있다. 그와 반대로 내 비밀이 상대에게 미리 알려지면 패자가 될 수밖에 없다.

일은 비밀을 지켜야 이루어지고 말은 새어 나가면 실패한다. —《현문》

事以密成 語以洩敗 사이밀성 어이설패

탈무드 **비밀을 지켜라**

자신의 말은 자신이 건너가는 다리라고 생각하라. 튼튼한 다리가 아니면 당신은 건너지 않을 것이다. 비밀을 감추고 있는 한 비밀은 당신의 포로이다. 그러나 그것을 말해 버리는 순간부터 당신은 그 비밀의 포로가 된다. 소문은 반드시 세 명을 죽인다. 소문을 퍼뜨리는 사람, 그것을 막지 않고 듣는 사람, 그리고 그 화제에 오른 사람.
돌이 항아리 위에 떨어지면 그것은 항아리의 불행이고, 항아리가 돌 위에 떨어져도 그것 역시 항아리의 불행이다.

기선을 잡아야
성공한다

선수先手를 쳐라. 무슨 일이든 다른 사람이 시작하기 전에 먼저 시작
해야 기선을 잡고 성공할 수 있다. 다른 경쟁자가 관심을 두지 않을 때
시작해야 앞서 경쟁력을 키우고 쉽게 기반을 닦을 수 있다. 한 발짝
앞서서 치밀한 계획을 세워 목표를 이루어 나가면 앞서 갈 수 있다.

선수를 치면 남을 제압하고, 후수를 치면 남에게 제압당한다. ―《한서》

先發制人 後發制於人 선발제인 후발제어인

이와 유사한 고사故事로 '선즉제인先則制人'이란 말이 있다. '선수를
치면 남을 제압할 수 있다.'라고 풀이하는데 이어지는 뒷말 또한 무
시해서는 곤란하다. 왜냐하면 선수를 뺏기면 남에게 오히려 제압을
허용하는 '후즉인제後則人制'의 어리석음을 범할 수 있기 때문이다.

여기서 선은 '먼저'라는 시간적 의미로 해석할 수도 있지만 '최선最善'에 그 본래 의미가 있다는 것을 잊지 말자.

> 무릇 먼저 전장market을 선점하고 적을 기다리는 사람은 편안하고,
> 나중에 전장에 뛰어들어 전투를 하는 사람은 힘이 들게 마련이다.
> 그러므로 전투marketing에 능한 사람은 적을 끌어들일 뿐
> 적에게 끌려다니지 않는다. ―《손자》
> 凡先處戰地而待敵者佚 범선처전지이대적자일
> 後處戰地而趨戰者勞 후처전지이추전자노
> 故善戰者 致人而不致於人 고선전자 치인이불치어인

　마라톤의 경우 출발 지점에서의 1차 선두그룹에서 우승자가 나오듯이, 마케팅에서도 선제공격을 하거나 기선을 잡는 것이 마케팅 전략의 아주 중요한 포인트이다. 마케팅에서 후발주자가 선발주자를 따라잡는 예는 그리 많지 않다. 그래서 경쟁업체가 없는 시장을 선점하는 마케팅 전략이 성공의 비결인 것이다.

　인생살이도 마찬가지다. 20대에 허송세월을 보내다가 시기를 놓치면 평생 낙오자가 될 수도 있다. 어떤 젊은이들은 할 일이 없다고 변명하거나 자신을 받아 주는 데가 없다고 항변한다. 그러나 사람을 필요로 하는 곳은 많다. 당장 편한 곳보다 힘들더라도 확실한 기술을 익힐 수 있는 곳에서 자신만의 실력을 쌓으면 평생 걱정하지 않아도 된다.

명확하고
신속하게 판단하라

인간은 태어나는 순간부터 자신에 대한 마케팅 경쟁을 시작한다. 공부하고 노력하는 것 자체가 자기 자신의 상품성을 높이기 위한 생산 활동이고 영업 활동인 것이다. 총을 가지고 싸우는 것이 전쟁이라면, 상품을 팔기 위하여 경쟁하는 것이 마케팅이다. 전쟁이든 마케팅이든 우물쭈물하는 것은 죽음과 패배의 지름길이 되고 만다. 전쟁터에서 자신의 판단에 따라 즉각 대응하지 않고 우물쭈물하다가는 하나뿐인 내 생명을 잃게 된다.

전투(경쟁)에서 제일 해로운 것은
신속 과감한 결단을 내리지 못하고 우물쭈물하는 것이다. —《오자병법》

用兵之害猶豫最大 용병지해유예최대

애매한 기준으로 애매한 결정을 하면 반드시 엉뚱한 결과가 나온다. —《순자》

以疑決疑 決必不當 이의결의 결필부당

모호한 기준을 근거로 결정하면 애매하고 부실한 결과가 나온다. 그리하여 결정하기 전보다도 더 큰 혼란이 오게 되고 그 누구도 승복하지 않게 된다.

마땅히 끊을 때 끊지 않으면 도리어 더 큰 화를 당하게 된다. —《현문》

當斷不斷 反受其禍 당단부단 반수기화

극작가 조지 버나드 쇼George Bernard Shaw(1856~1950)는 영국의 하트퍼드셔 시골집에서 숨을 거두기 전 다음과 같은 묘비명을 남겼다.

우물쭈물하다가 내 이럴 줄 알았다.

I knew if I stayed around long enough,

something like this would happen.

젊은 나이에 중심 없이 우왕좌왕 헤매고 망설이다가 길을 찾지 못하는 젊은이들에게 경종이 되는 글이다.

우물쭈물하는 것은 시간을 도둑맞는 것이다. —**에드워드 영**[1] 《야상夜想》

Procrastination is the thief of time.

---

1 에드워드 영Edward Young(1683~1765). 《야상 *Night Thoughts*》으로 유명한 영국의 시인.

비관의 길은 좁으나
낙관의 길은 넓다

삶과 일에 대한 낙관은 모든 것을 포용해 받아들이지만 비관은 모든 것을 뿌리친다. 낙관이란 현실을 받아들이는 긍정적인 자세이고 포용의 모습이다. 유대인들이 그렇게 오랜 시련을 겪으면서도 굴하지 않고 꿋꿋하게 살아남은 것도 바로 낙관적인 마음가짐을 가졌기 때문이다.

(일을 시작하기도 전에) 할 수 없다고 말하지 말고,
오직 마음을 다하라. —《서경》

罔曰弗克 惟旣厥心 망왈불극 유기궐심

정목 스님은 "내가 할 수 있다는 생각은 의지意志(can)이고 할 수 없다는 생각은 무의식無意識(can't)에서 기인한다."고 했다.

깨어 있는 의지로 행동하지 않을 때 우리는 대부분 무의식적이고 습관적으로 행동하게 된다. 내가 현재 겪고 있는 모든 일은 내 생각이 한순간에 만든 것이다.

자전거를 배울 때도 누군가 옆에서 잡아 주고 있다고 생각하면 잘 달리다가도 손을 놨다고 생각하는 순간 넘어지게 된다. 땅바닥에 널빤지를 놓고 걸으면 이 끝에서 저 끝까지 문제없이 잘 가는데, 옥상 건물과 건물 사이에 걸쳐 놓고 걸으라고 하면 대부분 한 발자국도 내딛지 못한다. 프랑스의 심리치료사인 에밀 쿠에[2]는 이것을 사전에 스스로 할 수 없다고 판단한 '자기암시' 때문이라고 했다.

> 자신감은 언제나 성공의 첫 번째 비결이 되어 왔다. —마크 트웨인[3]
> Self-confidence has always been the first secret of success.

화엄경華嚴經의 '일체유심조一切唯心造'는 생각과 행동은 같이 가는 것으로, 모든 것은 내 마음이 만든다는 뜻이다. 금강경金剛經의 '심상사성心想事成'은 모든 일은 마음먹은 대로 이루어진다는 뜻이다. 즉 긍정적인 사고the positive thinking의 힘을 뜻하는 것이다.

---

2 에밀 쿠에Emile Coué(1957~1926). 프랑스의 자기암시요법의 창시자. 신약新藥을 찾는 고객이 내용보다는 포장이나 광고에 강한 반응을 나타낸다는 사실을 알고 최면술에 흥미를 가졌다. 환자의 병을 낫게 하는 최대조건은 자기암시이고, 약물이나 다른 것은 암시의 매개물에 지나지 않는다고 하였다.
3 마크 트웨인Mark Twain(1835~1910). 본명은 Samuel Langhorne Clemens. 미국의 소설가, 풍자가. 대표작으로 《톰소여의 모험》, 《왕자와 거지》 등이 있다.

마음은 도의 뿌리이다. 마음이 흔들리면 모든 것이 따라 흔들리게 된다. 그러므로 마음의 뿌리를 고요하게 안정시켜야 한다. 나뭇가지와 잎사귀가 아무리 흔들려도 뿌리가 중심을 잡으면 그 나무는 넘어지지 않는다.

행복은 밖에서 찾아오는 것이 아니라 욕심을 버린 사람의 마음에서 얻는 것이다. 《한비자韓非子》〈외저설外儲說 우하편右下篇〉에는 스스로의 역량을 중시한 다음과 같은 말이 있다.

> 남에게 의존하는 것은 자신에게 의존함만 못하고,
> 남이 나를 위하는 것은 내가 나를 위함만 못하다.
> 恃人不如自恃也 人之爲己不如己之自爲也
> 시인불여자시야 인지위기불여기지자위야

사람은 혼자 태어나고 혼자 죽는다. 살아가는 동안에는 남의 도움을 받고 또 남에게 도움을 주기도 하지만 절체절명의 상황에서는 자기 힘으로 자신의 일을 해결해야 한다. 남이 아무리 잘해 준다 해도 내가 내 일을 하는 것만큼 합당하고 만족스럽지 못하다.

남이 나를 위하는 것은 한계가 있을 수 있다. 때로는 일시적이고 때로는 실정에 맞지 않고 때로는 불순한 목적을 지닐 수 있기 때문이다. 따라서 남에게 의존하기보다 스스로 생각하고 행동하는 것만이 내 자신을 지키는 가장 믿음직하고 바람직한 방법이다.

> 남에게 의지하지 말고 스스로 하라. —**서양 속담**
> Paddle your own canoe depend only on yourself.

미국의 사상가 랠프 왈도 에머슨은 "밖에서 얻는 힘은 내 힘이 아니다."라고 했다. 힘은 샘물과 같아서 안에서부터 솟아나는 것이다. 힘을 얻으려면 자기 내부의 샘을 파야 한다. 그러지 않고 밖에서 힘을 얻으려 하면 점점 약해질 뿐이다.

> 어려운 고비를 넘기면 쉬운 일이 생긴다.
> 뜻만 견고하면 이루어지지 않는 일이 없고, 의심만 하고 있으면
> 되는 일이 하나도 없다. —《**포박자抱朴子**》〈**미지微旨**〉
> 由難以及易 志誠堅果 無所不濟 유난이급이 지성견과 무소부제
> 疑則無功 非一事也 의즉무공 비일사야

하는 일에
미쳐라

인생의 목표를 세웠다면 일단 미쳐야 성공할 수 있다. 목숨 걸고 이루고 싶은 꿈이 있어야 이룰 수 있다. 이루고 싶은 일을 위해 목숨을 담보로 돌진하는데 어찌 성공하지 않을 수 있겠는가?

미치지 않으면 이루지 못한다.

不狂不及 불광불급

국내 정상의 피아니스트 강충모 씨. 그는 국내에서는 유일하게, 세계적으로도 그 유래가 드물게 바흐 전곡을 연주했다. 그는 음악계와 음악 애호가들로부터 최고의 찬사를 받았으며 한국 피아노 연주사에 큰 획을 그었다. 그는 연습하다 잠들면 꿈속에서라도 연습하던 연주를 끝냈다고 한다.

뜻을 가지고 있는 자는 아무리 어려운 일도 해낼 수 있다. —《후한서》

有志者事意成 유지자사의성

세계 최초로 히말라야 16좌를 완등한 산악인 엄홍길 씨는 한 인터
뷰에서 이렇게 말했다. "미치지 않으면 그 분야에서 일인자가 될 수
없다. 정말 제대로 미치지 않고서는 어느 일도 할 수 없다. 내 꿈은
산의 정상에 있다. 물론 가는 과정에서 죽을 수도 있지만 이 과정을
거치지 못하면 나는 정상에 올라갈 수가 없다."

안나푸르나 등반 중에 엄홍길 씨는 다리가 부러지는 사고를 당했
다. 한국으로 돌아와 수술을 했는데 주치의가 걸어다닐 수는 있지만
산을 오를 수는 없다고 했다. 그러나 그는 사고 5개월 만에 북한산을
올랐고, 10개월 만에 안나푸르나 등정에 성공했다. 최악의 상황에
직면했을 때조차도 목표에 대한 희망을 버리지 않은 엄홍길 씨의 모
습에서 목표를 갖고 노력하는 것이 얼마나 중요한지 알 수 있다.

노력해서 해결할 수 없을 정도의 어려운 일은 아무것도 없다.

(노력해서 안 되는 일은 없다.) —**테렌티우스**[4] 《안드로스에서 온 아가씨》

Nothing is so difficult but that it may be found out by seeking.

---

[4] 테렌티우스Publius Terentius(BC 195?~BC 159). 고대 로마 초기의 희극작가. "현인에게는 한 마
디면 족하다.", "나는 인간이다. 인간에 관한 일이라면, 무엇이든 남의 일로는 여기지 않는
다." 등 인구에 회자되는 수많은 명구를 남겼다.

뜻이 있는 곳에 길이 있다. —**서양 속담**

Where there is a will, there is a way.

미쳐야 길이 보인다. 자기가 맡은 일에 열심인 사람은 잠을 자면서도 그 일에 대한 꿈을 꾼다. 그리고 아침 일찍 일어나 꿈속에서 떠오른 아이디어를 메모하고 출근하여 계속 발전시켜 나간다. 무슨 일이든 맡은 바 일을 미치도록 열심히 하는 것이야말로 나와 내 가족, 나아가 국가와 민족을 위한 길이다.

> **탈무드** ┃ **인간의 의지력이 운명을 결정짓는다**
>
> 인간이 참으로 인간다워질 수 있는 힘은 그 재능이나 이해력에 있는 것이 아니라 스스로의 강력한 실천력에 있다. 실천력이 없다면 아무런 성과도 없기 때문이다. 인간의 강한 의지력이 그 사람의 운명을 결정짓는다.

바른 길로 가면 아무리 먼 길이라도 도달(성공)할 수 있고,
바른 문을 따라가면 반드시 그 문 안으로 들어갈 수 있다. —**강태공 〈육도삼략〉**

行其道 道可致也 從其門 門可入也

행기도 도가치야 종기문 문가입야

사람은 이름이
브랜드다

인품(상품의 품질)과 삶의 과정(유통)이 자신의 브랜드를 만든다. 그 사람의 인품과 한결같은 삶의 과정, 그리고 비전, 판단력과 업무 처리능력, 독창적인 업무 스타일이 그 사람의 정체성identity과 카리스마charisma가 되고 그 이름이 그의 상표brand가 되는 것이다. 사람의 인품과 삶의 과정이 모여서 그 사람의 이름값이 되는 것이다.

> 모든 인간은 자기 자신의 값을 가지고 있다. —**로버트 월폴**[5]
>
> All those men have their price.

브랜드 하면 사람들은 흔히 유명상품 브랜드만을 떠올린다. 그러나 사람도 개인마다 자기가 그동안 살아온 인생 역정대로 자기만의 브랜

---

[5] 로버트 월폴Robert Walpole(1676~1745). 영국의 정치가. 해군장관 등을 역임했고, 최초로 책임 내각제를 확립했다.

드가 형성된다. 주변 사람들에 의해 술주정뱅이, 신뢰할 수 없는 사람, 교활한 사람, 대쪽 같은 사람, 능력 있는 사람 등으로 평가를 받는다.

세상을 반듯하게 살면서 주변과 자기관리를 잘해야 좋은 이름, 좋은 브랜드로 인정받을 수 있다. 브랜드 관리는 품질의 고급화가 필수이며 독창성, 독창적인 기능성 그리고 이미지의 일관성 등을 갖추어야 한다.

이 세상의 모든 훌륭한 것들은 독창성의 열매이다. —**존 스튜어트 밀**[6]

All good things which exist are the fruit of originality.

탈무드 **사람은 평생 세 종류의 이름을 갖는다**

사람들은 남의 가벼운 피부병은 걱정하면서도 자기의 깊은 병은 알아차리지 못한다. 거짓말쟁이가 받는 최대의 형벌은 그가 진실을 말해도 남들이 믿어 주지 않는 것이다.

사람은 누구나 세 가지의 이름을 갖는다. 태어날 때 부모로부터 받은 이름, 친구들이 붙여 주는 이름, 그리고 생애를 마쳤을 때 받는 명성이 그것이다.

하나의 이치로써 모든 것을 꿰뚫는다. —**《논어》**

一以貫之 일이관지

예부터 공자는 학식이 높은 사람으로 널리 알려져 있었다. 어느 날 제자인 자공에게 "자네도 나를 세상 사람들처럼 생각하는가."라고

---

[6] 존 스튜어트 밀John Stuart Mill(1806~1873). 19세기 영국의 철학자, 경제학자.

물었다. 자공 역시 그렇다고 대답하자, 공자는 "나는 많이 배워서 아는 사람이 아니라 하나의 이치로 모든 것을 꿰뚫어 볼 뿐이네."라고 말했다. 공자는 사물의 개념을 인仁, 도道, 예禮 등을 기준으로 생각한 것이다.

보고 들은 뒤 그 중의 옳은 것을 선택하여 자기 것으로 한다는 말로, 학문과 경험의 중요성을 역설한 것이다. 요컨대 공자는 모든 것을 넘어서 바로 도道 하나로 일관하고 있음을 말한 것이다.

진돗개는 진도에 살아야만 진돗개가 아니다. 강원도에 살든 미국에 살든 어딜 가나 불변의 진돗개 유전자에 의한 독창적인 특성을 가진다. 주로 황색, 흰색, 검정색 등 독창적인 색깔이 있고, 몸이 날렵하며 얼굴은 역삼각형으로 크다. 꼬리는 둥글게 말리고 귀는 쫑긋하게 서 있다. 성격은 주인에 대한 강한 충성심과 먼 곳에서도 집을 찾아오는 귀소본능이 뛰어나고 용감하여 맹수도 사냥한다. 이것이 진돗개의 브랜드 특성brand identity이며 독창성originality이다.

사람도 마찬가지다. 자신만의 독창적인 재능과 인품과 개성이 모여 자신의 브랜드를 만든다. 사람은 자신을 마케팅하며 살아가야 하는 사회적 동물이다. 그러기 위해서는 평소에 꾸준히 실력을 쌓고 정직하게 열심히 살아야 한다. 그러다 보면 자신만의 실력과 습성이 쌓여 독창적인 브랜드가 형성되는personal branding 것이다. 사람은 이름이 바로 자신의 가치이고 자신을 대표하는 고유 브랜드이다.

부자는
근면이 낳는다

부지런하다고 모두 부자가 되는 것은 아니다. 하지만 부지런하지 않고서
부자가 된 사람은 없다. 인간이 살아가는 데는 시간과 돈이 모두 중요하지만 이 중
시간이 더 귀중하다는 것을 명심하라. 시간을 낭비해서는 절대 안 된다.

부지런하라
그리고 절약하라

큰 부자는 욕심을 낸다고 누구나 될 수 있는 것이 아니다. 그러나 작은 부자는 꾸준한 노력이 뒷받침된다면 누구나 될 수 있다. 가끔 김밥 장사나 생선 장사 할머니가 십여 억 원을 대학교에 장학기금으로 기부했다는 훈훈한 뉴스를 접할 때가 있다. 이들이 바로 작은 부자들이다. 이들의 공통점은 가난해도 희망을 잃지 않고 땀 흘려 열심히 일하고, 아끼고 절약해서 부자가 되었다는 점이다.

큰 부자는 하늘이 낳고 작은 부자는 근면이 낳는다. —《명심보감》
大富由命 小富由勤 대부유명 소부유근

절약은 그 자체가 큰 수입이다. —키케로
Economy is of itself a great revenue.

부유함은 한 되 한 되 모아서 일으킨 것이요,

가난은 계획 없이 쓰는 데서 찾아오는 것이다. —《명심보감》

富從升合起 貧因不算來 부종승합기 빈인불산래

탈무드 **빈 돈지갑**

세상에서 가장 무거운 것이 비어 있는 돈지갑이다. 물건이 가득 찬 자루가 무겁다고 하나 빈 자루가 더 무겁다는 말도 있다. 몸은 마음에 의지하고, 마음은 돈지갑에 의지한다. 돈은 중요하다. 그러나 돈 위에 사람이 있다.

사다리는 한 계단씩 올라가야 하고,

작은 물방울이 모여 거대한 바다를 이룬다. —서양 속담

Step after step the ladder is ascended,

little drops of water make the mighty ocean.

부자들의 전기를 보면 젊었을 때 경제적으로 어려움을 겪은 사람이 많다. 성공한 사람과 실패한 사람, 부자와 가난한 사람의 차이는 자신에게 닥친 고통과 시련을 어떻게 극복해 냈는가의 여부에 달려 있다. 존경받는 부자들은 자신에게 닥친 고난의 시간을 최선을 다해 성실히 이겨낸 사람들이다.

성실과 고통을 수반하지 않고 얻은 부富는 오래가지 못하거나 오히려 불행의 씨앗이 되는 경우가 많다. 복福은 검소함에서 생긴다.

근면은 행운의 어머니다. —**세르반테스**[1]

Diligence is the mother of good fortune.

"행복의 길은 근면이라는 오래된 도로를 따라 뻗어 있다."는 말은 참으로 멋진 말이다. 부지런하다고 모두 부자가 되는 것은 아니지만, 부지런하지 않고서 부자가 된 사람은 거의 없다.

부자는 내년을 생각하고 가난한 사람은 눈앞을 생각한다. —**〈명심보감〉**

富人思來年 貧人思眼前 부인사래년 빈인사안전

일본 교세라 그룹 창업자인 이나모리 가즈오稻盛 和夫는 "어제보다 나은 오늘이 되고, 오늘보다 나은 내일이 될 것이라고 믿으며, 날마다 성실하게 살아가라. 우리가 살아가는 목적과 가치는 바로 이 성실하고 착실한 구도자적 삶에 있다. 꿈을 현실로 바꾸고 생각을 성취시키는 사람이란, 쉽고 편한 길을 택하기보다는 꾀부리지 않고 한 걸음씩 성실하게 하루하루를 살아가는 평범하지만 비범한 사람들이다."라고 했다.

검소하게 살다가 사치스럽기는 쉬우나
사치를 누리다가 검소한 생활로 되돌아오기는 어렵다. —**〈현문〉**

由儉人奢易 由奢人儉難 유검인사이 유사인검란

---

[1] 세르반테스Miguel de Cervantes Saavedra(1547~1616). 에스파냐의 소설가, 극작가, 시인. 《돈 키호테》의 작가로 유명하다.

지나친 낭비는 궁핍의 원천이다. —**토머스 피콕**[2]

The waste of plenty is the resource of scarcity.

수입을 헤아려 지출하라. 작은 물이 모여 큰 물이 된다. —**〈예기〉**

量入爲出 涼少成多 양입위출 진소성다

이솝우화 **포토밭의 보물**

죽음을 앞둔 늙은 농부가 농사에는 관심이 없고 빈둥대기만 하는 자식들을 불러 모아 앉히고 이렇게 말했다. "얘들아, 내가 너희들에게 물려줄 모든 것을 포도밭에 숨겨 놓았는데, 반드시 그걸 찾아서 너희들이 나눠 갖길 바란다." 며칠 뒤 농부가 숨을 거두자, 포도밭에 보물이 숨겨져 있을 것이라고 생각한 아들들은 괭이를 들고 나가 포도밭을 다 파헤쳤지만 아무것도 발견하지 못했다. 그러나 이들은 파헤쳐 일구어진 포도밭에서 예년보다 몇 배나 더 많은 포도를 수확할 수 있었다.

_ 결국은 노동이 가장 훌륭한 보물이다.

가정을 이루는 데 가장 중요한 방도는 근검과 절약이다. —**한문 속담**

成家之道 勤與儉 성가지도 근여검

---

[2] 토머스 피콕Thomas Love Peacock(1785~1866). 영국의 소설가, 시인. 기인들의 기지에 넘치는 대화나 철학적 언어유희류의 작품을 많이 썼다. 소설 《악몽수도원》, 《엘핀의 불행》, 시집 《Rhododaphne》 등이 있다.

참으며 때를
기다려라

일본 도쿠가와 막부의 제1대 쇼군 도쿠가와 이에야스는 원래 오다 노부나가와 도요토미 히데요시의 영향력 아래 있었다. 그러나 그는 '참는 데는 한도가 없다(忍從無限인종무한).'는 정신으로 인내심을 갖고 때를 기다린 끝에 마침내 도요토미를 무너뜨리고 전국을 통일했다.

인내는 목적을 달성시키지만 조급함은 파멸을 재촉한다. —사디 《장미원》
Patience accomplishes its object, while hurry speeds to its ruin.

큰 목표 앞에서는 힘든 인내도 감수해야 한다. 여기서 한신韓信[3]에 대한 고사 하나를 소개한다.

---

[3] 한나라 고조 유방劉邦을 섬겼던 장군.

한신이 불우하던 젊은 시절, 시정 무뢰배가 그에게 시비를 걸어왔다. "야 이놈아! 그 주제에 칼을 차고 다니냐? 어디 배짱이 있거든 그 칼로 나를 찔러 봐라. 그럴 배짱이 없으면 내 사타구니 밑으로 기어 나가봐." 한신은 잠자코 무뢰배의 사타구니 밑으로 기어나갔다.

가랑이 밑을 기어가는 치욕을 참는다.

跨下之辱 과하지욕

한신에게 그런 시정 무뢰배 정도는 상대도 되지 않았으나 사소한 일로 큰일을 망칠 수 없다고 생각하여 치욕을 참은 것이다. 이 고사는 힘든 일도 큰일을 위해서는 인내해야 한다는 교훈을 담고 있다.

작은 일을 참지 못하면 큰 일을 이룰 수 없다. —《논어》

小不忍則亂大謀 소불인즉난대모

평민으로서 인간이 누릴 수 있는 오복을 모두 누린 사람을 '곽자의의 팔자'라 한다. 곽자의郭子儀(697~781)는 당나라 때 안사安史의 난을 평정하고 그 공로로 분양왕에 봉해져서 곽분양이라고도 불렸다. 그는 관료로서 성공적인 삶을 살았으며, 장수를 누렸고, 자손들 또한 번창하여 세속에서의 복을 마음껏 누린 인물로 후대에 부귀공명의 상징이 되었다. '곽분양행락도郭汾陽行樂圖'는 한평생 부귀영화를 누린 노년의 곽자의가 호화로운 저택에서 가족과 함께 연회를 즐기고 있는 그림이다.

대만의 주역 대가인 난화이진南懷瑾은《역경계전별강易經繫傳別講》에서 곽자의의 이 같은 복의 근원을 노겸勞謙[4]에서 찾았다.

중국 당나라 때 안녹산이 반란을 일으키자 명황제는 난을 피해 도망 다녔다. 그때 곽자의가 난을 평정하고 황제를 구했다. 황제는 한편으로 곽자의에게 고마워하면서도 또 한편으로는 그를 두려워했다. 황제는 곽자의가 반란을 일으킬지 모른다고 생각해 곽자의의 병권을 회수했다. 그러자 곽자의는 주저없이 황제의 명을 따라 병사 몇 명만 데리고 시골로 돌아가 조용히 살았다.

> 참고 견디어라. 그리고 더 좋은 시절을 위해 자신을 돌보라.
>
> **—푸블리우스 베르길리우스 마로[5]**
>
> Persevere, and preserve yourself for better days.

한참 뒤 서강西羌의 난이 일어나자 황제는 곽자의에게 출병을 요구했고 곽자의는 흩어진 병사들을 모아 난을 평정한 후 다시 병권을 내놓고 시골로 내려갔다.

난화이진은 곽자의의 이런 행동이 '수고를 다하면서도勞 겸양하는謙' 대표적 사례이며 복의 근원은 바로 이런 노겸勞謙에 있다고 말한다.

---

[4] 큰 공로가 있으면서도 겸손함.
[5] 푸블리우스 베르길리우스 마로Publius Vergilius Maro(BC 70~BC 19). 고대 로마의 시인.

시간은 돈으로
살 수 없다

시간으로 돈을 벌 수는 있어도 돈으로 시간을 사지는 못한다. 사람들은 시간보다 돈을 귀하게 여기지만, 그로 인해 낭비되는 시간은 어떤 금전으로도 사지 못한다. 인간이 평생 동안 쓸 수 있는 가장 귀중한 자산은 돈이 아니라 바로 시간이다.

사람의 일생이란 마치 문틈으로 망아지가 달려
지나가는 것을 보는 것과 같이 한순간이다. —《현문》
百年光陰 如駒過隙 백년광음 여구과극

사람들은 돈을 쓸 때는 조심스러워하면서도 시간을 낭비하는 것은 대수롭지 않게 여긴다. 남의 돈을 빌려 쓸 때는 신경을 쓰면서도 약속시간에 늦거나 시간을 빼앗는 것에는 무신경하다. 이것은 사람들이 시간보다 돈을 귀하게 여기고 있다는 증거다. 시간과 돈 모두 중요하다. 그러나 둘 중에서 더욱 귀중한 것은 시간이라는 것을 명심해야 한다.

탈무드 **돈은 기회를 준다**

오랜 세월 박해를 받은 슬픈 역사를 가진 유대민족이 믿을 수 있는 것은 돈뿐이었다. 유대인들은 기독교인들처럼 돈이 나쁜 것이라고 생각하지 않는다. 오히려 돈은 기회를 주는 존재라고 여긴다. 돈은 다루기에 따라 좋은 결과를 낳기도 하고, 나쁜 결과를 가져오기도 한다. 돈 자체가 어떤 결과를 결정짓는 것은 아니다.

《탈무드》는 "인간은 돈이나 부를 마음껏 손에 넣을 수 있으나, 일생에 주어진 시간은 한정되어 있다."고 충고한다. 그리고 "한정된 것이 무엇인가?"라고 묻는다. 그것은 인간의 생명이며 시간이다. 아무리 큰 부자라도 훗날 죽어서 무덤 앞에 묘비 하나만 남긴 채 쓸쓸히 누워 산 자의 드문 기억 속에서 가끔씩 존재하게 되는 것이 인생이다.

> 시간이 가고, 날이 가고, 달이 가고, 해가 간다.
> 지나간 세월은 다시 돌아오지 않는다. ─**키케로 《노년에 관하여》**
> Hours and days, and months and years go by,
> nor does past time ever return.

작은 것 속에
큰 것이 들어 있다

추리작가 아서 코넌 도일[6]은 작은 것의 중요성에 대해 이렇게 말했다. "가장 좋은 것들은 조금씩 찾아온다네. 작은 구멍으로도 햇빛을 볼 수 있듯, 사람들은 산에 걸려 넘어지지 않지만 조약돌에 걸려 넘어진다네."

대롱을 통해 하늘을 본다. ─《사기》

以管窺天 이관규천

"지극히 작은 것에 충성하는 사람은 큰 것에도 충성하고, 지극히 작은 것에 불의한 사람은 큰 것에도 불의한다."고 했다.

---

[6] 아서 코넌 도일Arthur Conan Doyle(1859~1930). 명탐정 셜록 홈스를 탄생시킨 영국의 추리 소설가.

지푸라기 하나가 바람 부는 방향을 가르쳐 준다. —**서양 속담**

A straw shows which way the wind blows.

　작은 씨앗 하나가 큰 정자나무로 자라난다. 작은 것 속에 큰 것이 들어 있고, 큰 것 속에 작은 것이 들어 있다. 순간 속에 영원이, 영원 속에 순간이 들어 있고, 빗방울 속에 바다가, 바닷속에 빗방울이 들어 있다. 또한 모래 속에는 바위가 들어 있다. 바위가 깨져 모래가 되므로 모래의 지질은 바위와 같은 것이다. 미세한 풀뿌리 하나 미미한 벌레 하나에도 세상에 기여할 독창적인 세계와 우주가 들어 있다. 큰 강이나 끝없는 망망대해도 그 시작은 이름 없는 계곡의 돌 틈에서 흘러나온 작은 물줄기이다. 이 세상을 바꾸는 대발명이나 혁명도 아주 작고 소박한 아이디어에서 출발한다. 작고 보잘것없는 것들에 의해 모든 위대한 것들이 탄생한다.

하찮은 것을 소중히 여기고 원한을 덕으로 갚는다.

세상의 어려운 일은 반드시 쉬운 데서 생기고

모든 큰일은 반드시 작은 일로 시작된다. —**〈노자도덕경〉**

大小多少 報怨以德 대소다소 보원이덕

天下難事 必作於易 천하난사 필작어이

天下大事 必作於細 천하대사 필작어세

단풍잎 하나로 가을이 왔음을 짐작할 수 있듯이, 때로는 사소한 일 하나가 어떤 사건의 전체를 드러내는 단서가 되기도 한다.

잎새 하나만 보아도 그 나무가 죽었는지 살았는지를 알 수 있고, 얼굴 한 번 보고도 그가 병들었는지 아닌지를 알 수 있으며, 말 한 마디만 들어 봐도 그가 알고 있음이 옳은지 그른지를 알 수 있고, 한 가지 일만 보아도 그 사람의 마음이 악한지 바른지를 알 수 있다.[7]

한 마디 말, 사소한 행동거지 하나로도 내 전체를 드러낼 수 있으니 어찌 언행을 삼가고 살피지 않을 수 있겠는가?

작은 일이라 소홀히 말라. 작은 틈으로 물이 새어 배가 침몰한다.

작은 물건이라 가벼이 여기지 말라. 작은 벌레가 독을 뿜는다.

소인이라고 가벼이 하지 말라. 소인이 역적질한다. ─《관윤자關尹子》

勿輕小事 小隙沈舟 물경소사 소극침주

勿輕小物 小蟲毒身 물경소물 소충독신

勿經小人 小人賊國 물경소인 소인적국

백운대 흔들바위가 그 자리에 그렇게 오랜 세월 버티고 서 있을 수 있는 까닭은 밑을 받치고 있는 작은 바윗돌과 틈새 하나 없이 밀착해 있기 때문이다. 만일 밑에 깔린 바윗돌이 어설프게 떠 있었다면

---

[7] 觀一葉而知樹之死生관일엽이지수지사생 觀一面而知人之病否관일면이지인지병부
觀一言而知識之是非관일언이지식지시비 觀一事而知心之邪正관일사이지심지사정

벌써 밑으로 굴러떨어졌을 것이다.

큰 불도 흔히 작은 불씨에서 일어난다. —**서양 속담**

A large fire often comes from a small spark.

천 길 높이의 둑도 개미구멍으로 말미암아 무너지고,

백 자尺짜리 큰 집도 굴뚝 틈의 불똥으로 인해 타 버린다.

—《한비자》〈유로편 喩老篇〉

千丈之堤 以婁蟻之穴潰 百尺之室 以突隙之烟焚

천장지제 이루의지혈궤 백척지실 이돌극지연분

　옛 사람들은 둑을 관리할 때 개미구멍을 틀어막아 수재水災를 막았
고, 집안의 노인들은 굴뚝의 틈을 흙으로 발라 화재火災를 막았다. 이
는 쉬운 일을 소홀히 여기지 않음으로써 어려운 일을 피하는 것이요,
사소한 일을 조심함으로써 큰 일이 생기지 않게 한 것이다.

반 걸음이 쌓이지 않으면 천 리에 이를 수 없고,

실개천이 모이지 않으면 큰 강을 이룰 수 없다. —《순자》

不積窺步無以至千里 부적규보무이지천리

不積小流無以成江河 부적소류무이성강하

작은 일을 처리할 줄 알아야 큰 일을 이룰 수 있다. —《관윤자》

能周小事 然後能成大事 능주소사 연후능성대사

모든 큰 성공의 시작은 근면성실하게 작은 일을 완수하는 데서 비롯된다. 아무리 높은 빌딩을 세우는 일도 작은 벽돌 한 장을 쌓는 데서 시작하며, 기초를 튼튼히 세우지 않으면 바로 설 수 없다.

《사기史記》〈이사열전李斯列傳〉에 다음과 같은 구절이 있다.

큰 산은 흙 한 줌 마다하지 않았으므로 그렇게 높아질 수 있었고,
강과 바다는 작은 물줄기 하나도 가리지 않았으므로
그렇게 깊어질 수 있었다.

泰山不讓土壤 故能成其大 태산불양토양 고능성기대
河海不擇細流 故能就其深 하해불택세류 고능취기심

작은 물방울이 모여 바다가 되고, 작은 모래알이 모여 대지가 되듯이, 작은 친절, 작은 사랑의 말이 이 세상을 더 할 수 없는 낙원으로 만든다. —줄리안 카르니

누구에게나
역경은 있다

지혜는 역경을 통해 얻어진다.

　시골 논가에는 논물이 흐르는 물길이 있다. 여름이 되면 큰 장마 후에 그곳에 커다란 붕어나 잉어가 물이 빠질 때 따라 나가지 못하고 물 빠진 바닥에서 버둥거리는 경우가 있다. 꼼짝도 못하는 붕어나 잉어는 얕은 물에 익숙한 송사리나 미꾸라지 같은 작은 물고기에 희롱당할 수도 있다.

> 보통의 작은 도랑에서 큰 고기는 제 몸을 꼼짝 못하지만
> 미꾸라지 같은 작은 물고기는 마음대로 놀릴 수 있다. —《장자》
>
> 夫尋常之溝 巨魚無所還其體 而鯢鰌爲之制
>
> 부심상지구 거어무소환기체 이예추위지제

코끼리가 역경에 처했을 때는
개구리조차도 코끼리를 걷어차 버린다. —**힌두교 경전**
When an elephant is in trouble, even a frog will kick him.

용이 얕은 물에서 놀면 하찮은 새우의 희롱을 당할 수 있고,
호랑이도 의지할 곳 없는 평지에서는 개의 속임수에 빠질 수 있다. —**〈현문〉**
龍遊淺水遭蝦戲 虎落平陽被犬欺 용유천수조하희 호락평양피견기

역경만 한 교육은 없다. —**서양 속담**
There is no education like adversity.

　'인생설계 도우미 시스템'의 창안자 스티브 구디어의 저서 《역전형 인간》에는 이런 구절이 있다. "어느 날 거북이 산길을 가다 돌을 밟고 뒤집혀 뜨거운 햇살에 배를 드러내고 곧 죽을 운명에 처했다. 결국 거북은 올빼미의 도움을 받아 역전의 기회를 얻었고, 그 이후 새로운 인생을 살게 되었다."

지혜는 고난을 통하여 체득되는 것이다. —**아에스킬루스**[8]
Wisdom comes alone through suffering.

---

[8] 아에스킬루스Aeschylus(BC 525?~BC 455?). 고대 그리스의 3대 비극배우 중 한 명으로, 비극의 아버지라 불린다.

뒤집힌 몸을 스스로 일으켜 세울 수 없기에 죽음의 공포에 두려워하던 거북. 그러나 거북은 이러한 시련을 통해 자신의 삶을 되돌아보고, 어떻게 자신을 변화시켜 미래의 삶을 충만하게 만들 수 있는가를 배운다. 불만스럽고 어려운 상황에 처해 있거나 새로운 인생을 시작하는 데 주저하는 당신도 언제나 어디에서나 '인생 역전'의 주인공이 될 수 있다.

성공과 명예란 항상 곤궁에 처한 날을 거쳐 이루어지고,
일이 패한 것은 거의 득의했다고 자만할 때 시작되는 것이다. —**〈현문〉**

成名每在窮苦日 敗事多因得意時 성명매재궁고일 패사다인득의시

탈무드 **신은 바른 자를 시험한다**

성서에 나오는 랍비 요나한의 말이다. "도공은 이미 망가진 그릇을 손가락으로 두드려 시험해 보지 않는다. 그러나 잘 만들어진 그릇은 이리저리 두드리면서 시험해 본다. 이처럼 신께서도 이미 잘못한 악한은 시험하지 않고, 바르게 살아가는 선인을 시험해 보는 것이다."

랍비 에레아잘도 이런 말을 했다. "튼튼한 소와 병약한 소를 가진 농부가 있다면 그는 건강한 소에게 쟁기를 채울 것이다. 이처럼 신은 건강하고 바르게 사는 자에게 무거운 짐을 지게 한다."

오늘 쓰러진 사람은 내일 다시 일어설 수 있다. —**세르반테스**

He that falls today may be up again tomorrow.

화복禍福은
내가 불러들인다

화복禍福은 동전의 앞뒤와 같다. 복은 재앙의 근본이다. 달은 보름달이 기울고 그믐까지 가서 다 비우고 나서야 어둠을 거쳐 다시 차오른다. 일이 잘 풀릴 때 복을 아끼고 나누어서 후에 재앙을 피하고 쇠퇴를 방비해야 한다. 성공했을 때 으스대며 인색하게 행세하면 결국 제 복을 다 깎아내리고 재앙을 맞게 된다. 성대할 때 인심을 베풀어서 덕의 여지를 남겨 두어야 한다.

화와 복은 땅속에서 나오는 것이 아니요, 하늘에서 내려온 것도 아니며,
모두가 자기 스스로 만들어 내는 것이다. —(설원)
禍福非從地中出 非從天上來 己自生地
화복비종지중출 비종천상래 기자생지

도끼자루

쇠가 세상에 처음 나오자 모든 나무들이 두려움에 벌벌 떨었다. 그러자 하나님이 나무들에게 말했다. "염려 말거라, 너희가 도끼의 자루가 되어 주지 않는 한 쇠 혼자서는 너희를 상하게 할 수가 없느니라."

재앙은 악업에서 생기고, 복은 선업에서 생긴다. —주흥사周興嗣 《천자문》

禍因惡積 福祿善慶 화인악적 복록선경

시골쥐와 도시쥐

도시쥐가 시골쥐를 저녁 식사에 초대했다. 두 쥐가 막 음식을 먹으려는 순간 갑자기 사람이 문을 여는 소리에 놀라 도망쳤다. 잠시 후 다시 기어 나와서 마른 무화과를 맛보려 할 때 또 사람이 들어오는 바람에 허겁지겁 구멍에 숨었다. 잠시 후 도시쥐는 시골쥐에게 다시 나가서 음식을 먹자고 권했다. "무서워 죽겠는데 어떻게 음식을 먹니? 사람이 다시 돌아올지도 모르잖아?" 하고 시골쥐가 말했다. "세상에 이렇게 맛있는 음식을 먹을 곳은 또 없어." 하는 도시쥐의 대꾸에 시골쥐는 그의 말을 막으며 말했다. "나는 밭고랑에서 도토리를 먹는 것으로 족해. 두려움에 떨면서 살지 않아도 되니까."

_가난해도 마음 편히 사는 것이 부자로 불안하게 사는 것보다 낫다.

화와 복은 들어오는 문이 따로 없고 내가 불러들이는 것이다. —《춘추좌씨전》

禍福無門 唯人所召 화복무문 유인소소

역경을 슬기롭게
견뎌라

쇠가 불과 물에 여러 번 단련되어야 강철이 되듯이, 인간도 환란 속에서 인격과
재능이 연마되는 것이다. 인내가 없는 사람은 지혜가 없는 사람이고, 나를 이기는 사람이
참으로 강한 사람이다. 인생의 승자는 자신과의 싸움에서 이기는 사람이다.

노력은 고난을
이겨낸다

어떠한 고난 속에서도 절대적 절망이란 없다. 벌독이나 뱀독과 같은 독은 사람을 죽이는 극약이지만 어떻게 쓰느냐에 따라 명약이 될 수도 있듯이, 우리가 겪는 고난들은 삶을 풍요롭게 하는 교훈과 에너지가 될 수도 있다.

고통 속에 더 큰 고통을 겪어 봐야 비로소
사람 중에 윗사람이 될 수 있다. —**〈현문〉**
受得苦中苦 方爲人上人 수득고중고 방위인상인

날이 밝기 직전이 항상 가장 어둡다. —**토머스 풀러 〈피저의 경치〉**
It is always darkest just before the day dawn.

사람은 역경을 통해서 지혜를 터득한다. 우리가 겪는 대부분의 고통은 사람과 물질에서 비롯된다. 좌절과 아픔으로 뜨거운 눈물을 흘려 본 사람의 마음은 잘 연마된 돌처럼 단단하고 비온 뒤 하늘처럼 맑고 투명하다. 겨울이 추울수록 봄에 피어나는 꽃은 더 곱고 아름답다. 빛과 그림자, 낮과 밤, 그리고 고난과 행복은 우리 몸의 손과 발처럼 떼려야 뗄 수 없는 관계인 것이다.

훌륭한 덕행과 지혜, 학술과 빼어난 지식은
언제나 환란 속에서 연마된다. —《맹자》
人之有德慧術知者 恒存乎疾疾 인지유덕혜술지자 항존호질질

그러므로 하늘이 장차 어떤 사람에게 큰 임무를 내리려고 한다면 반드시 먼저 그 심지를 괴롭히고, 그 근골을 수고롭게 하며, 그 신체를 굶주리게 하고, 그 몸을 빈궁하게 하여 행하는 일을 이루지 못하게 하니 이것은 마음을 분발시키고 성질을 참게 하여 능하지 못함을 더욱더 능하게 해 주고자 함이라 할 수 있다.

고통은 사람을 생각하게 하고, 생각은 사람을 지혜롭게 만들고,
지혜는 인생을 인내하게 만든다. —존 패트릭 《팔월 십오야의 찻집》
Pain makes a man think. Thought makes man wise.
Wisdom makes life endurable.

길을 지나던 사람이 밭에서 일하는 농부에게 말했다. "잡초는 누가 보살피지 않아도 잘 자라는데, 채소는 정성껏 돌보는데도 잘 자라지 않는 이유가 뭘까요?" 농부가 대답했다. "대지는 잡초의 친어머니이고, 채소에게는 계모라서 그런 거지요."

_온실의 화초는 자생력이 부족하다.

위대한 사람들 중 대부분은 고난 속에서도 큰 일을 이루어 냈다. 시저와 나폴레옹은 간질병에 걸려 고생하면서도 최고의 장군 자리에 올랐으며, 존 밀턴은 시력을 잃은 후 지독한 가난 속에서 대작 《실락원》을 완성했다. 조지 워싱턴은 수많은 저명인사들의 적대감 속에서도 결국 미국 혁명에서 승리를 이끌어 냈으며, 에이브러햄 링컨은 대통령 취임 연설을 하기 위해 워싱턴으로 가는 기차표 값을 꿀 정도로 재정 파탄 상태였다. 여러 고난 속에서 성장한 그들이 만일 나약한 인생관을 지녔다면 어떤 인물이 되었을까?

기다리는 사람에게는 반드시 때가 온다. —**프랑수아 라블레**[1]

Everything comes to those who can wait.

---

[1] 프랑수아 라블레François Rabelais(1483~1553). 프랑스의 작가, 의사, 인문주의 학자. 프랑스 르네상스의 최대 걸작인 《가르강튀아와 팡타그뤼엘 이야기》를 썼다. 몽테뉴와 함께 16세기 프랑스 르네상스 문학의 대표적 작가이며, 영국의 셰익스피어, 에스파냐의 세르반테스에 비견된다.

나방이 누에고치에서 나올 때 날개가 찢기는 고통을 겪지 않고 나올 수 있게 옆에서 도와주면 스스로 날지 못한다. 호두와 밤은 서로 부딪혀야 풍성한 열매를 맺고, 보리는 겨울이 춥지 않으면 잎만 무성할 뿐 알곡이 들어차지 않는다.

반드시 인내심이 있어야 성공하고 너그러움이 있어야 덕이 쌓인다. ―《서경》

必有忍 其乃有濟 有容 德乃大 필유인 기내유제 유용 덕내대

멕시코에는 조각가 지저스 가르시아가 만든 '그럼에도 불구하고'란 제목의 유명한 조각상이 있다. 그는 이 조각상을 만들다가 오른손을 잃었다. 하지만 그는 기필코 작품을 완성하겠다는 각오로 숱한 연습 끝에 왼손으로 조각하는 법을 터득하여 조각상을 완성했다. 훗날 그 조각상은 그가 오른손으로 조각한 것보다 더 뛰어난 작품이라는 평을 받았다. 사람들은 그의 굴하지 않는 정신을 높이 평가하여 그 조각상을 마을 앞에 세우고 '그럼에도 불구하고'라는 이름을 붙였다. ―스탠리 존스

노력은 가난을 이기고 조심성은 화를 이기며,
삼감은 해를 이기고 경계함은 재앙을 이겨 낸다. ―《설원》

力勝貧 勤勝禍 愼勝害 戒勝災 역승빈 근승화 신승해 계승재

어떠한 변화에도
놀라지 말라

세상을 살아가면서 어떠한 변화에도 놀라거나 당황하지 않고, 어떤 경우에도 차분하고 당당하게 최선을 다하여 대처해 나가면서 그 결과를 받아들이는 자세가 인생을 살아가는 지혜이며 슬기이다. 세상 어디에나 어떤 경우에나 어려움을 극복해 갈 수 있는 길은 있다. 다만 노력하고 그 길을 찾아 최선을 다하는 사람에게만 그 길이 나타나는 것이다.

다음은 중국의 역사를 바꾸어 놓은 근대화의 영웅인 덩샤오핑[2]鄧小平의 좌우명이다.

어떠한 변화에 처해도 놀라지 않는다.

處變不驚 처변불경

---

[2] 덩샤오핑鄧小平(1904~1997). 중국의 정치가. 마오쩌둥과 화궈평 이후 실권을 장악하고 엘리트 양성, 외국인투자 허용 등 실용주의 노선에 입각한 과감한 개혁조치를 단행하여 중국경제를 크게 성장시켰다.

살아 있는 한 희망은 있다. —키케로

While there is a life, there is hope.

이솝우화 **겁쟁이**

어느 겁쟁이가 전쟁터에 나갔다. 겁쟁이는 때마침 까마귀 떼가 하늘에서 까악 까악 크게 우는 소리를 듣고 그만 겁에 질려 무기를 땅에 놓은 채 주저앉고 말 았다. 잠시 후 단지 까마귀 소리였음을 알고 다시 행진을 했는데, 또다시 까마 귀들이 크게 울기 시작했다. 그러자 그는 발걸음을 멈추고 고개를 들어 말했다. "네놈들이 아무리 큰소리로 울어대도 나는 이제 절대 겁먹지 않아. 절대로!" _어떤 경우에도 미리 겁먹을 필요는 없다.

모든 일에는 해결하는 방법이 있다. —서양 속담

There is a mean in all things.

탈무드 **내일을 걱정하지 말고 오늘에 충실하라**

지금 당장의 일도 모르는데 내일을 걱정하는 것은 현명하지 않다. 앞일에 대해 지나치게 비관적이거나 낙관하는 것은 자신이 앞을 내다볼 수 있다고 착각하는 것에 불과하다. 비관도 낙관도 해서는 안 된다. 누구도 앞으로 일어날 일을 알 수 없기 때문이다.

난관에 부딪쳤을 때는 인내로써 초지일관하라. —《채근담》

處變當堅百忍以圖成 처변당견백인이도성

쇠가 불과 물에 여러 번 단련되어야 강철이 되듯이, 인간도 환란 속에서 인격과 재능이 연마되는 것이다. 《예기》에서는 어려울 때일 수록 당당한 자세와 적극적인 마음가짐이 필요하다고 하였다. 그러나 곤경에도 여러 가지가 있다. 어떤 곤경에나 두려움 없이 정면으로 대결하라는 말은 아니다. 그것은 '필부지용匹夫之勇'[3]에 지나지 않기 때문이다.

꿀을 따는 사람은 벌침을 참아야 한다. —**서양 속담**

He who would gather honey must bear the sting of the bees.

외부의 상황 변화에 따라 변하는 것이 사람의 마음이다. 그러나 줏대 없이 그때그때 이랬다저랬다 옮겨 다니는 뜨내기 마음이 아니라 언제나 변함없는 마음이 상심常心이다. 상심이란 말 그대로 한결같은 마음이다. 고요한 마음, 즉 모든 사욕을 버린 마음, 맑고 깨끗한 마음을 지닌 사람을 일컬어 '깨달은 사람'이라 하고 '거듭난 사람'이라고 한다.

모든 운명은 인내로 극복된다. —**윌리엄 베넘**[4]

Every lot is to be overcome by endurance.

---

[3] 좁은 소견으로 혈기만 믿고 함부로 날뛰는 행동을 비유하여 이르는 말.
[4] 윌리엄 베넘Sir William Gurney Benham(1859~1944). 영국의 저널리스트, 신문 발행인.

자신을 이기는 자가
승리한다

남을 이기는 자를 힘이 있다고 한다. 하지만 남하고 싸워서 이기는 것은 세속적인 것이며, 현상계에 사는 인간의 욕심을 채우기 위한 스스로의 작위일 뿐이다.

남을 아는 것은 지혜로운 것이고, 자신을 아는 것은 도(깨달음)에 밝은 것이다. 남을 이기는 것을 힘이 세다고 하고, 자신을 이기는 것을 강하다고 한다.

—〈노자도덕경〉

知人者智 自知者明 지인자지 자지자명

勝人者有力 自勝者强 승인자유력 자승자강

하늘이나 자연의 도道는 절대 싸우지 않는다. 따라서 자신을 이긴다 함은 자기의 사리사욕을 극복해 허정虛靜으로 돌아가는 것이며 극기克己인 것이다. 강은 유柔를 지키는 것이니, 참으로 강한 것은 자기 자신의 유약柔弱과 허무虛無를 지키는 일이다.

자기를 이기고 예로 돌아가는 것이 인을 실현하는 것이다. —《논어》

克己復禮爲仁 극기복례위인

극기복례克己復禮란 자신을 이기고 예로 돌아간다는 뜻으로, 사람마다 있을 수 있는 나태, 유혹, 탐욕과 오만 등을 이기고 자신의 마음을 수양한 다음 다른 사람에게 언행을 예로서 행해야 함을 강조한 말이다.

뜻을 이루기가 어렵다는 것은 다른 사람을
이기는 데 있지 않고 자기 자신을 이기는 데 있는 것이다. —《한비자》

是以志之難也 不在勝也 故曰自勝之謂强

시이지지난야 부재승야 고왈자승지위강

지智란 외향적으로 현상계를 보는 것을 뜻하고, 명明은 내성적으로 근원인 도道를 살피는 것을 말한다. 따라서 지智는 인간적 작위에 속하고 명明은 근원적 무위에 해당한다. 자신을 이긴다는 것은 무사無私·무심無心·허심虛心하다는 것이요, 그것이 곧 자승自勝이다. 성인聖人은 자신을 이기는 사람이다. 강자强者는 남을 이기는 자가 아니라 자신을 이기는 자다. 소사과욕少私過欲, 나의 것을 작게 하고 남의 것을 크게 하라. 내 욕심을 줄여 없어지도록 하고 남에게 후하게 할 수 있는 사람이 진정한 강자다.

남과 싸워 이기려면 그 사람보다 힘이 더 세면 그만이지만, 자기의 욕망을 이기려면 강한 용기가 있어야 한다. 나를 이기는 자가 참으로 강한 자다. 인생의 진정한 용사勇士는 자기와의 싸움에서 승리하는 극기인克己人이다. 우리가 일생 동안 노력해야 할 근본과제는 극한 상황에서도 자신을 이겨 내는 극기훈련이다. 소아小我를 이기는 대아大我가 되는 것이 지혜이다.

신은 참는 자와 더불어 있다. —**프랑수아 라블레**

God is with those who persevere.

그 사람의 생각이 말이 되고, 말이 행동이 되고, 행동이 습관이 되고, 습관은 인생이 된다(思成爲言 言爲行 行爲習 習慣變爲我人生 사성위언 언위행 행위습 습관변위아인생). 좋은 습관은 자신을 통제할 줄 알고 자기를 이기는 자다. 그래서 자신을 이기는 자가 가장 강한 자다.

탈무드 | **자신을 이기는 자가 강한 자다**

어떤 사람이 똑똑한 사람일까? 모든 사물로부터 무언가를 배우는 사람이다. 어떤 사람이 강한 사람일까? 자기 자신을 이기는 사람이다. 어떤 사람이 넉넉한 사람일까? 자기 분수에 만족할 줄 아는 사람이다.

최선을 다하고
하늘의 뜻에 따른다

자신이 할 수 없는 일을 가지고 근심할 필요 없다. 다만 자신이 할 수 있는 능력이 있는 데도 노력하지 않는 것을 근심해야 한다. 모든 일은 운명이 아닌 것이 없다. 자신이 할 수 있는 일에 최선을 다하여 살면서 하늘의 뜻을 받아들이는 것이 우리네 인생이 가야 할 길이다.

盡人事待天命진인사대천명은 《삼국지》의 '수인사대천명修人事待天命'에서 유래한 말로, 자기 할 일을 다하고 하늘의 명을 기다리라는 뜻이다.

사람이 할 수 있는 최선을 다하고 그 나머지는 신에게 맡긴다. —**서양 속담**
Do your best, and God will do the rest.

인력으로 안 되는 일이 저절로 이루어지는 것은 하늘의 뜻이고,
인력으로 하려고 한 것이 아닌데도 저절로 닥쳐오는 것이 운명이다. —〈맹자〉

莫之爲而爲者 天也 莫之致而至者 命也 막지위이위자 천야 막지치이지자 명야

"일하는 것이 기도하는 것이다To labor is to pray." 이 글은 고대 성
베네딕트 수도원Benedictus Abbey에 붙어 있는 수도승들의 표어다. 노
력이 따르지 않는 기도는 헛된 바람일 뿐이며, 현실에 충실하지 않은
꿈은 이룰 수 없는 환상일 뿐이다. 무슨 일이든 최선을 다해 봐야 그
일이 되는 일인지 안 되는 일인지 알 수 있다. 아무런 노력 없이 기도
만 하는 사람은 그 어떤 것도 이루지 못한다.

하늘은 분발하지 않으면 계시도 주지 않고
안타까워하지 않으면 도와주지도 않는다. —〈논어〉

不憤不啓 不悱不發 불분불계 불비불발

구하라, 그러면 찾을 것이요, 두드려라, 그러면 열릴 것이다. —〈마태복음〉 7:7

Seek, and you shall find; knock, and it shall be opened.

나무로 만든 닭木鷄처럼
초연하라

《장자》〈달생편達生篇〉에 다음과 같은 우화가 나온다.

싸움닭 훈련으로 유명한 기성자記性子란 사람이 왕의 부름을 받고 닭을 훈련시키게 되었다. 훈련 열흘 만에 왕이 "이젠 싸워도 되겠느냐?" 하고 물었다. 기성자는 "아직 멀었습니다. 지금 한창 허세를 부리며, 다른 닭의 울음소리나 그림자만 봐도 덮치려고 난리를 칩니다."라고 답했다.

흡사 나무로 만든 닭과 같으니 마음가짐德이 완전하구나. ─《장자》〈달생편〉

望之似木鷄 其德全 망지사목계 기덕전

또 열흘이 지나 왕이 물었다. 이번에는 기성자가 "이제 된 것 같습니다."라고 말하자, "도대체 어째서 그러하냐?" 하고 왕이 그 연유를 물었다. 그러자 기성자가 답하기를 "상대 닭이 아무리 소리치며

덤벼들어도 조금도 동요하지 않습니다. 멀리서 보면 흡사 나무로 만든 닭 같사옵니다. 이 정도가 되어야 비로소 싸움닭이 될 수 있습니다. 어떤 닭도 당해 내지 못할 겁니다."라고 하였다.

> 두려움이 없는 사람이 가장 빨리 정상에 오른다. —**셰익스피어 《헨리 6세》**
> Fearless minds climb soonest unto crowns.

> 큰 바위는 어떤 바람에도 끄떡하지 않는 것처럼
> 지혜로운 사람은 비난이나 칭찬에 좀처럼 흔들리지 않는다. —**《법구경》**
> 譬如厚石 風不能移 智者意重 毀譽不傾 비여후석 풍불능이 지자의중 훼예불경

12대에 걸쳐 300년 동안 부를 유지하며 주위의 존경까지 받은 명문가 경주 최부잣집 가훈 중 육연六然에는 "스스로 초연하게 지내라."라는 의미의 자처초연自處超然이 있다. 불교의 옛 선사들도 "돌사람 나무 사람이 되라."고 법문하였다. 높은 덕과 훌륭한 계모計謀·계략計略, 그리고 능력을 비장하고 있으면 잠자코 있어도 얕보지 못하는 법이다.

> 가장 말이 없는 사람이 일반적으로
> 자신을 가장 높이 생각하는 사람이다. —**윌리엄 해즐릿[5] 《성격론》**
> The most silent people are generally those
> who think most highly themselves.

---

[5] 윌리엄 해즐릿William Hazlitt(1778~1830). 영국의 비평가, 수필가. 《셰익스피어극의 성격》, 《영국시인론》, 《영국희극작가론》 등의 평론과 《원탁》 등에 수록된 수필로 유명하다.

10

지도자가
갖추어야 할 덕목

지도자란 눈으로 보이지 않는 길, 누구도 가 보지 않은 길,
긍정적인 사고로만 볼 수 있는 길, 길 없는 곳에 길을 만들고 꿈을 현실로
만들어 가는 사람이다. 목적에 대한 열정과 자신감, 그리고 설득을 통한
통합의 능력은 지도자가 갖추어야 할 기본 덕목이다.

서구 사회를 이끄는 힘
노블리스 오블리제

'노블리스 오블리제Noblesse Oblige'란 부와 권력, 명성은 사회에 대한 책임과 함께해야 한다는 의미로, 사회 지도층 인사에게 요구되는 높은 수준의 도덕적, 윤리적 의무를 뜻한다.

> 양초는 자신을 태워서 남을 밝힌다. —**헨리 조지 본[1] 《격언편람》**
> A candle lights others and consumes itself.

노블리스 오블리제는 초기 로마시대에 왕과 귀족 등 사회 지도층이 보여 준 투철한 도덕의식과 솔선수범하는 공공정신에서 비롯되었다. 이러한 공공봉사와 재산기부 헌납 등의 행위가 의무인 동시에 명예로 인식되면서 서구에서는 자발적으로 봉사와 희생정신이 이어져 왔다.

---

[1] 헨리 조지 본Henry George Bohn(1796~1884). 영국의 출판가.

〈뉴욕 타임즈〉는 노블리스 오블리제의 두 가지 면을 '희생하는 것'과 '면제받는 것'이라고 제시하였다. 지도층 인사들이 희생하는 면이 많을수록 그 사회는 활기를 띠고, 면제받는 면이 많을수록 생기를 잃고 어두워질 수밖에 없다.

우리의 특권은 우리의 의무보다 클 수 없다. ─존 F. 케네디의 '연설' 중에서
Our privileges can be no greater than our obligations.

서구 사회에서는 국가에 위기가 닥쳤을 때 사회 지도층이 앞장서는 '노블리스 오블리제'의 힘이 발휘된다. 1982년 포클랜드 전쟁이 일어나자 영국의 앤드류 왕자는 전투 헬기 조종사로 자원했고 대처 수상의 아들도 최전방을 자원했다. 미국의 케네디가 역시 제2차 세계대전에 참전하여 첫째 조세프는 전사했고 둘째 존 F. 케네디는 태평양함대에서 부상을 당했다.

1967년 아랍과 이스라엘의 6일 전쟁이 벌어졌을 때, 당시 세계 사람들은 이집트와 아랍의 전력이 훨씬 압도적이라고 평가했지만 전쟁은 결국 이스라엘의 승리로 끝났다. 이 전쟁에서 눈에 띄는 점은 이집트군은 대부분 사병들이 죽었고 이스라엘군은 장교들이 전사했다는 사실이다. 당시 이스라엘의 해외 유학생들은 군에 가려고 휴학계를 냈고, 아랍 학생들은 모두 숨어 버렸다고 한다.

명예로운 죽음은 불명예스러운 삶보다 낫다. —**타키투스 〈아그리콜라〉**

An honorable death is better than a dishonored life.

인도의 마하트마 간디는 "높은 자리는 사회에 봉사하는 자리이지 대접받기 위한 자리가 아니다."라고 말했다.

법은 어떤 귀함도 없고

먹줄은 나무가 굽었다고 해서 구부려 사용하지 않는다. —**〈한비자〉**

法不下貴 繩下撓也 법불하귀 승하요야

법은 목수가 나무를 재단할 때 쓰는 먹줄과 같아서 사회적 지위 고하를 막론하고 공평하게 적용하여 제반문제를 해결하는 정치적 기준이며, 국민을 통합하는 보편적 규범으로 평등해야 한다.

솔선수범은 부끄러움 없이 다른 사람도

희생에 참여하도록 할 수 있다. —**버나드 쇼 〈혁명가들을 위한 금언〉**

Self-sacrifice enable us to sacrifice other people without blushing.

우리나라의 지도층은 어떠한가? 역대 대통령, 대법관, 헌법재판관, 국회의원, 그리고 고위직 공무원들의 군 미필과 각종 탈법 등으로 민 초들의 분노가 법집행을 무시하는 사회불안의 단초가 되고 있다.

효종의
솔선수범

효종孝宗(1619~1659, 조선의 제17대 왕)은 왕위에 오르자 신하들에게 이렇게 지시했다.

"나 한 사람의 근검절약으로 나라가 바로 설 수 있다면 두려울 것이 무엇이며 못할 것이 있겠는가. 백성들은 대신들을 따라 할 것이오. 대신들이 비단옷을 즐겨 입으면 그들 또한 비단옷을 입으려고 애쓸 것이며, 기름진 음식을 먹으면 그들도 좋은 음식을 먹으려고 할 것이오. 그렇게 되면 나라의 부강을 바랄 수 없으니, 누구보다도 여러 대신들이 솔선하여 검소하고 절약하는 생활을 하도록 힘쓰시오."

왕비에게도 당부했다. "중전과 내가 검약의 모범을 보여야 합니다. 그러므로 왕비나 공주는 절대로 비단옷을 입지 않도록 하오."

어진 왕비는 효종의 뜻을 잘 받들었다. 하루는 어린 공주가 효종을 찾아와서 어리광을 부렸다. "아바마마, 비단치마를 입어 보고 싶어요." 공주는 어머니에게 졸라 봐도 통하지 않으니까 아버지인 왕에게 조를 생각을 한 것이다. 효종은 마음이 아팠다. 어린 것이 오죽 입고 싶으면 저러랴 싶었다. 그러나 짐짓 근엄한 얼굴로 말했다. "내가 검약의 모범을 보여야 하는데 너에게 비단옷을 입히면 되겠느냐. 내가 죽은 뒤에 네 어미가 대비가 되거든 그때는 비단옷을 입어도 큰 허물이 되지 않을 테니 기다리도록 해라."

지도자의 몸이 바르면 명령을 하지 않아도 스스로 행해지고,
그 몸이 바르지 아니하면 비록 명령을 내려도 아무도 따르지 않는다.
—〈논어〉

其身正 不令而行 기신정 불령이행
其身不正 雖令不從 기신부정 수령부종

이 말은 국민들은 순박하여 지도층이 솔선수범으로 모범을 보이면 그대로 따라서 하고, 지도층이 바르지 못하고 수를 쓰면 성질이 사나워져 따르지 않는다는 뜻이다.

백성들이 어진 정치를 따르는 것은 마치
물이 높은 곳에서 낮은 곳으로 흐르는 것과 같다. —〈맹자〉〈이루장구상離婁章句上〉

民之歸仁也 猶水之就下 민지귀인야 유수지취하

지도자는 희망을
파는 상인이다

아리스토텔레스는 "희망은 깨어 있는 꿈이다."라고 했으며, 나폴레옹은 "지도자란 희망과 비전을 찾아 앞장서서 없는 길을 만들어 가는 사람이다."라고 했다.

> 지도자란 희망을 파는 상인이다. —**나폴레옹**
> A leader is a dealer in hope.

중국의 작가 루쉰魯迅의 작품 《고향》에 다음과 같은 글이 있다.

> 희망이란 본래 있다고도 할 수 없고 없다고도 할 수 없다. 그것은 마치 땅 위의 길과 같은 것이다. 본래 땅 위에는 길이 없었다. 한 사람이 먼저 가고 그 뒤를 걸어가는 사람이 많아지면 그것이 곧 길이 되는 것이다. —**루쉰**[2]

---

[2] 루쉰魯迅(노신)(1881~1936). 《광인일기》, 《아큐정전阿Q正傳》 등을 쓴 중국의 문학가 겸 사상가.

진정한 희망이란 바로 나를 믿고 신뢰하는 것이다. 행운은 거울 속의 나를 자신 있게 바라보는 용기 있는 사람을 따른다. 자신감을 잃어버리지 말라. 자신을 믿고 존중할 줄 아는 사람만이 다른 사람을 신뢰할 수 있다. —쇼펜하우어

지도자는 넓은 식견과 강한 의지력을 지녀야 한다.
그 임무가 막중하기 때문이다. —〈논어〉
士不可以不弘毅 任重而道遠 사불가이불홍의 임중이도원

누군가 먼저 첫발을 내딛어 걸어간 발자취를 다른 사람들이 뒤따라가면서 만들어진 것이 길이다. 지도자란 눈으로 보이지 않는 길, 누구도 가 보지 않은 길, 긍정적인 사고로만 볼 수 있는 길, 길 없는 곳에 길을 만들고 꿈을 현실로 만들어 가는 사람이다. 지도자란 현실에 만족하지 않고 비전을 향해 남다른 노력과 희생을 바치는, 대중을 끌어당기는 마력을 가진 사람들이다.

위대한 희망은 위대한 인물을 만든다. —토머스 풀러 〈잠언집〉
Great hopes make great men.

자신감은
지도자 덕목의 근본이다

지도자에게 요구되는 필수 덕목과 자질로, ① 뜻을 세우고 목적을 달성하려는 열정passion, ② 나아가야 할 바람직한 방향을 예상하여 찾아내고 제시하는 능력인 비전vision, ③ 자신의 의견과 정책을 설득시켜 추진하는 설득력communication, ④ 공동의 목표를 향해 함께 힘을 모으게 하는 통합harmony 능력을 꼽을 수 있다.

> 자신감은 지도자 덕목의 근본이다. —랠프 왈도 에머슨 《사회와 고독》
> Self-trust is the essence of heroism.

모든 조직은 지도자가 갖추고 있는 리더로서의 역량에 따라 좌우된다. 앞서 가는 양 한 마리가 저수지로 가면 뒤따르던 양 모두가 따라가기 마련이다.

앞서 가는 지도자가 현자賢者든 우자愚者든 대부분의 국민들은 그냥 믿고 따라간다. 지도자란 책임을 떠맡은 사람이다. 그래서 한 시대의 지도자가 중요한 것이다.

사슴이 이끄는 사자의 무리보다
사자가 이끄는 사슴의 무리가 더 두려운 법이다. —**필리포스 2세**[3]
An army of deer led by a lion is more to be feared
than an army of lions led by a deer.

어느 날 뱀 꼬리가 머리에게 불평불만을 터뜨렸다. "왜 난 네 꽁무니만 따라다녀야 하지? 왜 네 마음대로 나를 끌고 다니는 거니? 나도 똑같이 한 몸인데."
머리가 말했다. "너는 눈도 귀도 없고, 행동을 결정할 수 있는 두뇌도 없잖니."
꼬리가 말했다. "네 말은 독재자들이 일한다는 구실을 대며 제 맘대로 하는 것과 같아."
머리는 할 수 없이 꼬리에게 끌고 가게 했다. 그러나 얼마 가지 못해서 가시덤불 속에 빠져 버려 머리가 간신히 끌어올렸다. 그런데 이번엔 불길에 빠져 결국은 머리도 같이 타 죽고 말았다.

소인에게 나라를 맡기면 재앙과 해악이 그치지 않을 것이다. —**《대학》**
小人之使爲國家 災害 소인지사위국가 재해

---

[3] 필리포스 2세Philip II(BC 359~BC 336). 마케도니아의 왕이며 알렉산드로스 대왕의 아버지.

지도자의
대중성

욕심으로 천하를 대하면 천하가 사나워지고, 무욕으로 천하를 대하면 천하가 순리를 따르게 된다. 그것이 민심民心이고 천심天心이다.

수많은 별들이 반짝반짝 빛을 낸다 해도 외로운 달 하나
홀로 비추느니만 못하고, 높은 탑에 층층마다 불을 밝힌다 해도
어두운 곳에 등불 하나 켠 만큼 밝지는 못하다. —〈현문〉
衆星朗朗不如孤月獨明 중성랑랑불여고월독명
照塔層層不如暗處一燈 조탑층층불여암처일등

수많은 별들이 빛을 발한다 해도 어두운 밤길을 밝혀 주는 것은 구름 사이로 반쯤 드러난 달빛 하나다. 어두운 곳에서는 반딧불이의 불빛 하나가 광명이다. 고 김수환 추기경은 평생을 검소하고 겸손

하게 낮은 자세로 어두운 곳을 보살피다가 조용히 선종하였다. 그야
말로 '소리 없는 큰소리'로 큰 흔적을 남긴 분이다.

크나큰 소리는 들리지 않고, 크나큰 흔적은 형체가 없다. —《노자도덕경》

大音希聲 大象無形 대음희성 대상무형

세상은 결코 한 개인의 뜻에 따라 움직이지 않는다. 그래서 민심
이 천심이라는 것이다. 천심이란 무욕한 마음이요, 무위의 도로서
곧 무욕의 세계를 깨달았다는 뜻이다. 욕심으로 천하를 대하면 천하
가 사나워지고, 무욕으로 천하를 대하면 천하가 순리를 따르게 된
다. 그래서 군자는 방 안에서도 천하를 내다본다.

치국治國은 민심民心을 근본으로 삼는다. —《근사록》

治國以人心爲本 치국이인심위본

지도자가 민심을 따른다는 것은 대중의 마음을 얻는다는 것이다.
대중의 마음이 바로 민심이다. 민심을 얻으면 대중은 조건 없이 믿
고 따르게 되므로 지도자는 대중의 구심점이 된다. 민심의 선호도
가 곧 대중성이다. 지도자는 또한 결과에 대한 책임을 전적으로 떠
맡아야 하는 사람으로 그 누구와도 책임을 나누어 가질 수가 없다.

지도자는 대중의
지지를 얻어야 한다

지도자가 반드시 가져야 할 변함없는 철칙이 있다. 성실함과 믿음을 지니고 있으면 그 지위를 얻고, 교만함과 건방진 마음이 있으면 그 지위를 잃게 된다. 다음은 대학大學에 나오는 말들이다.

대중의 지지를 얻으면 나라를 얻고,

대중의 지지를 잃으면 나라를 잃는다.

得衆則得國 失衆則失國 득중즉득국 실중즉실국

그러므로 한 나라를 다스리는 자리에 있는 사람은

먼저 덕을 쌓음에 힘을 쓰나니 덕이 있으면 따르는 사람이 있다.

是故 君子先愼乎德 시고 군자선신호덕

有德 此有人 유덕 차유인

여론의 흐름에 따르면 모든 것이 쉬워진다.

여론은 세상의 지배자이다. —**나폴레옹**

All becomes easy when we follow the current of opinion;

it is the ruler of the world.

충忠은 자신의 정성을 다하는 것이요, 신信은 만물의 이치에 위배되지 않는 것이다. 충은 신의 근본이요, 신은 충의 발현, 즉 결과이다. 신信이 부족하면 신의信義가 모자라게 되고 결국 서로 믿지 못하게 된다.

다스리는 자리에 있는 이가 갖춰야 할 커다란 도가 있으니

반드시 충과 신으로 얻을 것이요, 교만으로 잃을 것이다. —《대학》

君子有大道 必忠信以得之 驕泰以失之

군자유대도 필충신이득지 교태이실지

신부족信不足, 유불신有不信. 신信이 부족하면 불신이 생긴다. 지도자와 국민, 너와 내가 하나가 되게 할 때 가장 귀한 것이 신信이다. 신이 부족하면 국민과 지도자, 너와 내가 서로 의심하고 믿지 않게 된다.

대중이 노하거든 억지 부리지 말라.

자기 욕심만 부리면 어떤 일도 이루기 어렵다. —《춘추좌씨전》

衆怒難犯 專欲難成 중노난범 전욕난성

지도자는 경솔하게 말을 많이 하지 않고 아껴야 한다는 뜻으로 기귀언其貴言, 즉 불언지교不言之敎와 행불언지교行不言之敎라 하여 말 대신 먼저 행하라는 가르침이다.

역대 지도자들의 설화舌禍나 정치인 중에도 국회의원 배지만 달면 할 말 못할 말 다하면서 말로 사고치는 경우가 있다. 겨우 자기 갈 길 비추기에도 모자란 반딧불이의 발광發光을 달이나 태양의 빛인 양 자신의 역량을 착각하고 막말하는 이들을 볼 때마다 참으로 걱정이 된다. 국민들이 뽑아 준 이들이 국민들의 눈과 귀를 불편하게 만드는 것이다.

백성들의 눈은 하늘의 눈이고, 백성들의 귀는 하늘의 귀이다. ─《서경》
天視自我民視 天聽自我民聽 천시자아민시 천청자아민청

도를 터득하여 무욕無欲한 군자는 문밖을 나서지 않고도 방 안에서 세상 돌아가는 것을 다 알고 있다(不出戶 知天下 불출호 지천하). 소인배는 이리저리 마당발 노릇을 하며 이 사람 저 사람 붙들고 패거리짓고 수작부리지만, 불나방이 빛만 좇다 초롱불에 타서 죽듯 사심에 얽매여 사리私利만을 좇기 때문에 하루살이처럼 세상 돌아가는 것조차 제대로 알아차리지 못하고 불행한 최후를 맞게 되는 것이다.

지도자가 수를 쓰면
국민이 믿지 않는다

지도자는 모든 사람에게 모범을 보이며 반듯하게 바른 길을 걸어가야 하는 사람이다. 그래야 그의 뜻을 믿고 따르는 이들을 이끌 수 있다.

> 자신의 원칙을 굽힌 자(자신이 바르지 못한 자)는
> 지도자가 되어도 바르게 이끌지 못한다. ─《맹자》

枉己者 未有能直人也 왕기자 미유능직인야

지도자가 자기 뜻대로 일방적으로 백성을 몰고 가면, 백성은 결국 그의 뜻을 의심하고 반발하게 된다. 이렇게 되면 상하가 서로 막혀 뜻이 통할 수 없고, 상하가 통하지 않으니 그 나라(조직)의 일이 원활히 이루어지기 어렵다.

> 백성을 다스리기 어려운 것은 지도자가 수를 쓰기 때문이다. ─《노자도덕경》

民之難治 以其上之有爲 민지난치 이기상지유위

여론興論이 곧 하느님 말씀이다.(민심이 천심이다.) —앨퀸[4]**이 샤를마뉴에게 보낸 '편지'**

The voice of the people is the voice of God.

정치를 불신하는 세상을 난세亂世라 하는데, 백성을 다스리기 어려운 시대를 말한다. 난세가 되는 까닭은 치자治者가 지나침過을 범하기 때문이다. 이 과過함을 일러 유위有爲라 한다.

지도자(임금)는 배요, 국민(백성)은 물이다. —《순자》

君子舟也 庶人者水也 군자주야 서인자수야

"물은 배를 띄우기도 하지만 뒤엎기도 한다."라는 말처럼 국민의 지지가 없는 지도자는 존재하기 어려우므로 민의를 존중하고 따라야 한다. 노자는 지도자(임금)를 다음과 같이 4등급으로 분류했다.

가장 훌륭한 지도자는 국민들이 그가 있다는 것만 알 뿐인 지도자이고,
그 다음은 국민들이 그를 가깝다고 느끼고 명예롭게 여기며 칭송하는
지도자이다. 그 다음은 국민들이 그를 두려워하는 지도자이고,
그 다음은 국민들이 그를 업신여기는 지도자이다. —**《노자도덕경》**

太上 下知有之 親而譽之 畏之 侮之 태상 하지유지 친이예지 외지 모지

---

4 앨퀸Alcuin(735?~804). 잉글랜드 출신의 색슨계 신학자이자 교육가. 프랑크왕국 카롤루스의 고문을 지내며 카롤링거르네상스로 불리는 유럽대륙의 학예 진흥에 크게 기여하였다. 저서에 《영혼의 본질에 관하여》가 있다.

지도자는
신중해야 한다

정치는 국민과의 커뮤니케이션communication이다. 커뮤니케이션이란 '언어·몸짓 등을 통한 정신적·심리적인 전달 교류'라는 의미를 가진다. 커뮤니케이션에는 교감交感이 대단히 중요하다. 시대에 맞고 대중이 공감할 수 있는 진정한 지도자의 말 한 마디는 어떠한 웅변이나 행동보다 더 강한 생명력을 갖는다.

지도자의 한 마디 말이 때로는 정국을 뒤엎을 수도 있고,
지도자 한 사람이 때로는 나라를 안정시킬 수도 있다. —《대학》

一言僨事 一人定國 일언분사 일인정국

지도자가 한 말은 몸 밖에 나온 땀과 같다. —《예기》

綸言如汗 윤언여한

지도자의 말과 행동은 신중하고 믿음이 있어야 한다. 지도자가 언행을 망령되게 하면 온 나라가 시끄러워지고 혼란해진다. 대중은 지도자의 언행을 따라 배운다. 특히 선거공약과 같은 대국민을 향한 선언적인 약속은 구체적이고 실천 가능한 계획을 수립한 뒤 말해야 한다. 그때그때 득표용으로 말하는 것은 국민을 기만하는 것이요, 사회를 혼란에 빠뜨리는 일이다.

> 군자는 말이 행동보다 앞서는 것을 부끄러워한다. —《논어》
> 君子 恥其言而過其行 군자 치기언이과기행

대중이 좋아하는 것을 좋아하고 싫어하는 것을 싫어하는 것이 지도자의 도량이고 도리이다. 지도자는 대중과 한마음이 되어 한쪽으로 치우침이 없어야 하고 언행에 항상 신중해야 한다. 지도자가 이를 역행하면 재앙을 불러들이는 것과 같다.

> 나라를 다스리는 자는 신중히 하지 않을 수 없으니,
> 한곳에 치우치면 온 천하 사람들로부터 벌을 받게 된다. —《대학》〈치국편〉
> 有國者不可以不愼 유국자불가이불신
> 辟則爲天下僇矣 벽즉위천하육의

낙엽은 새싹에
관여하지 않는다

물러난 전직 지도자가 현직 지도자가 하는 일에 왈가불가 시비하고
참견하는 것은 흘러간 강물이 흐르는 강물을 시비하는 것과 같다.
낙엽은 때가 되면 스스로 떨어져 뿌리로 돌아가 거름이 되는 것이
자연의 순리다(落葉歸根낙엽귀근).

뒤에 태어난 사람(후생)들을 가히 두려워할 만하다.
어찌 장래 그들이 지금 우리만 못하리란 걸 알 수 있으랴. —《논어》〈자한편子罕篇〉
後生可畏 焉知來者之不如今也 후생가외 언지래자지불여금야

대나무가 마디마다 새순을 이으며 위로 자라나듯 역사는 그때그때
지도자에 따라 한 발씩 진보하는 것이다. 자연은 뒷마디가 앞 새순
의 가는 길을 좌지우지 시비하도록 허락하지 않는다. 뒷마디는 이미

역사의 과거이고 이제 새 역사를 창조하는 책무는 새순에 주어진 것이다. 과일나무가 열매를 맺자면 꽃을 버리고, 열매가 익자면 솜털을 버린다. 낙엽이 지는 것은 새싹을 틔우기 위함이다. 이것이 자연이다. 낙엽이 새순을 걱정하고 끼어드는 것은 자연을 조작하는 일이며, 인위人爲이다. 인위는 자연에 반反하는 일이다.

사계절이 차례대로 돌 듯 공(제 역할)을 다하면 떠나는 법이다. ─〈사기〉
공을 세우고 명성을 얻으면 물러나는 것이 하늘의 도이다. ─〈노자도덕경〉
四時之序 成功者去 사시지서 성공자거
功遂身退 天之道也 공수신퇴 천지도야

'사시지서四時之序'란 춘하추동의 네 계절이 각기 다하면 변함없이 철이 바뀌는 것을 말한다. 봄은 제 할 일 다하고 나면 여름에게 넘겨 주고, 여름도 제 역할을 다하면 가을에게 양보한다. 가을과 겨울도 마찬가지다. 그렇게 넘겨 주고 사라지는 것이 자연의 순리요, 우주의 섭리인 것이다.

흐르는 강물은 뒷물결이 앞물결을 재촉하고
세상의 새 사람은 옛사람을 밀어낸다. ─〈현문〉
江中後浪催前浪 世上新人趕舊人 강중후랑최전랑 세상신인간구인

11

정치는 사람이
하는 것이다

정치의 성패는 제도나 법규에 있는 것이 아니라 정치인의 덕성,
즉 사람의 도리에 따르고 실천하는 데 달려 있다. 하늘의 도道를 따르는 것이
인간의 도道라면 천하 만민이 함께 인간의 도를 실현하여 평화와 행복을 추구하는 것이
정치의 도道이다. 정치란 국민을 편안하게 만드는 기술이다.

정치는
바로잡는 것이다

공자의 제자 자로子路가 스승에게 물었다. "위나라 임금이 스승님을 모셔 정사를 맡긴다면 무엇을 먼저 하시겠습니까?" 이에 공자가 답하기를 "반드시 명분名分을 바로正잡겠다."라고 하였다.

반드시 명분을 바로잡는다. ―《논어》

必也正名乎 필야정명호

'정명正名'의 정正은 바르고直, 공평하고平, 안정되고定, 마땅하고當, 떳떳하다常는 뜻을 함축하고 있다. 정치란 백성을 편안하게 만드는 것으로, 그래서 정치를 바로잡는 것이라고 한다. 정명이란 맡은 바 저마다 해야 할 도리를 지키도록 바로잡아 주는 것이고, 명부정名不正이란 마음가짐이 도리에 어긋나 있는 것이다. 오늘날 왜 정치가 국민으로부터 불신을 받는가? 정명이 망가졌기 때문이다. 부정부패는 어디서 오는가? 명부정, 즉 본분을 어겨 어긋나기 때문이다.

> 명분이 바로 서지 않으면 말이 도에 어긋나고
> 말이 도에 어긋나면 곧 일이 성사되지 않는다. —《논어》〈자로편〉
> 名不正則言不順 명부정즉언불순
> 言不順則事不成 언불순즉사불성

도에 어긋난다는 것은 제도와 법령이 제대로 시행되지 않는다는 말이다. 제도와 법령은 국가 운영의 필수 요소로 이 두 가지가 제대로 시행되지 않으면 모든 사업이 성사되지 않는다.

> 정치는 인간을 행복하게 하는 기술이다. —허버트 피셔[1] 《유럽사》
> Politics is the art of human happiness.

중국의 춘추전국시대 제나라의 경공景公이 공자에게 물었다. "정치란 어떻게 하는 것인가?" 공자가 답했다. "임금은 임금다워야 하고, 신하는 신하다워야 하며君君臣臣, 아버지는 아버지다워야 하고, 자식은 자식다워야 한다.父父子子" —《논어》

시계도 크든 작든 각 부품들이 제자리에서 제 기능을 다할 때 비로소 시간이 정확해지듯, 국가의 기능도 마찬가지다.

---

1 허버트 피셔Herbert Albert Laurens Fisher(1865~1940). 영국의 역사학자, 교육자, 정치가.

지도자가 명분을 밝힐 때는 반드시 도리에 맞게 말해야 하고,

도리에 맞게 말한 이상 반드시 실행해야 한다. —《논어》

君子 名之必可言也 言之必可行也

군자 명지필가언야 언지필가행야

명분을 바르게 세우는 것은 언행일치를 이루기 위함이요, 명실상부를 추구하는 것이다. 이는 자신의 입장을 분명히 밝히고 이를 실행에 옮기는 삶의 태도와 밀접한 관계가 있다.

위정자爲政者란 국민을 편안하게 하는 자가 아닌가? 즉 지도자는 자신이 한 말에 반드시 책임을 지고 실행해야 한다. 거짓말 하는 소인은 있어도 군자는 없다. 거짓말을 밥 먹듯 하는 지도자가 정치를 하면 국민들은 믿을 곳이 없어진다. 지도자는 말하기를 목숨처럼 여겨야 한다.

정치는 바로잡는 것이다.

당신이 바르게 솔선한다면 누가 감히 바르게 하지 않겠는가. —《논어》

政者正也 子帥以正 孰敢不正 정자정야 자솔이정 숙감부정

지도자가 명분을 가지고 도덕을 정치의 근본으로 삼는다면 국민들은 지도자를 중심으로 삼게 된다. 공자의 덕치德治가 곧 현대의 민주주의 정치인 것이다.

정치의 성패는
사람에 달려 있다

공자가 정치의 도道에 대하여 언급하기를, 정치는 만민과 함께 도를 실현하는 것으로 천도天道, 인도人道, 치도治道 이 세 가지가 하나의 원리에서 출발한다고 했다. 즉 하늘의 도를 따르는 것이 인간의 도라면, 천하 만민이 함께 인간의 도를 실현하여 평화와 행복을 찾게 하는 것이 정치의 도이다.

천하를 다스리려면 먼저 사람 얻기를 다투어라. ─《관자》

爭天下者必先爭人 쟁천하자필선쟁인

따라서 공자는 정치 성패의 관건은 제도나 법규에 있는 것이 아니라 통치자의 덕성 여부, 즉 사람의 도리를 따르고 실천하는가에 달려 있다고 했다.

큰일을 이루고자 하는 임금에게는

반드시 부리기 어려운 신하가 있다. —《맹자》

將大有爲之君 必有所不召之臣 장대유위지군 필유소불소지신

큰일을 이루고자 하는 리더에게는 함부로 대하기 어려운 바른 참모가 있다. 춘추시대 첫 패자霸者인 제齊나라 환공桓公에게는 관중貫中이라는 명신이 있었다. 또 삼국시대 촉한蜀漢의 초대 황제 유비劉備에게는 '삼고초려' 끝에 맞아들인 제갈공명이 있어서 군사軍師로서 모든 작전계획의 입안과 책정을 도맡았다. 자고로 주인에게 늘 꼬리만 흔드는 강아지로는 사냥을 할 수 없는 법이다.

나라를 훌륭하게 만든 왕에게는

반드시 스승이 있었고 그를 존경했다. —《순자》

國將興必貴師而重傳 국장여필귀사이중전

그 당시 스승이란 오늘날의 멘토와 같은 존재였다. '멘토'라는 단어는 고대 그리스 서서시《오디세이Odyssey》에 나오는 오디세우스의 친한 친구의 이름에서 유래했다. 오디세우스가 트로이 전쟁에 출정하면서 집안 일과 아들의 교육을 친구인 멘토에게 맡긴다. 그가 전쟁에서 돌아오기까지 무려 10여 년 동안 멘토는 왕자의 친구, 스승, 때로는 아버지가 되어 잘 돌보아 주었다. 이후 멘토라는 이름은 지혜와 신뢰로 한 사람의 인생을 이끌어 주는 지도자와 동의어로 사용된다.

순임금은 다섯 명의 어진 신하로 천하를 다스렸다. —《논어》〈태백〉

舜有臣五人 而天下治 순유신오인 이천하치

노魯나라 군주 애공哀公이 "어찌하면 백성이 따르겠습니까?"라고 묻자 공자가 답하기를, "곧은 사람을 발굴하여 쓰고 굽은 사람을 버려 두면 백성들이 곧 따르고, 굽은 사람을 등용하고 곧은 사람을 버려 두면 백성들이 따르지 않을 것입니다."라고 했다. —《논어》〈위정편〉

"양고기는 개미를 그리워하지 않지만 개미는 양고기가 그리워 모여든다."는 《장자》의 옛글처럼, 원래 권력이란 부정한 자가 그 자리에 있으면 썩은 고깃덩어리처럼 개나 개미 떼, 파리 떼 등 온갖 부정한 것들이 다 모여든다. 정치가 성공하려면 정직하고 바른 자를 등용해야 하는 이유가 여기에 있다.

정치를 행하는 요건은 공정과 청렴이요,
가문을 지키는 도리는 검약과 근면이다. —《명심보감》〈경행록〉

爲政之要 公與淸 成家之道 儉與勤 위정지요 공여청 성가지도 검여근

인재를 미리
확보하라
奇貨可居

기화가거奇貨可居란 '진기한 재물을 미리 사 놓는다.'는 의미로,《사기》
의 〈여불위열전呂不韋列傳〉 첫머리에 나오는 고사이다.

　여불위呂不韋는 전국시대 정치 거상의 대표적인 인물이다. 그는 본
디 소금과 비단으로 거부가 된 자로, 한번은 조趙나라의 수도 한단邯
鄲에 들렀다가 우연히 인질로 와 있던 진나라의 왕자 자초子楚를 만
나게 되는데, 그는 첫눈에 자초의 가치를 꿰뚫어 보고 그에게 투자
하기로 마음먹는다. 그는 놀랍게도 미래의 왕의 자리를 투자처로 삼
았던 것이다. 이때부터 그는 자초에게 금전 공세와 함께 자신의 애
첩 조희趙嬉까지 바쳤는데 조희는 이미 임신 중이었다고 한다. 그의
투자는 적중해 후에 자초는 진나라의 장양왕莊襄王이 되고 애첩 조희
는 황후가 된다. 얼마 뒤 자초가 죽고 그 아들이 즉위하니 그가 바로
진시황제이다.

인사人事가
만사萬事다

현신賢臣을 가까이 하고 소인小人을 멀리함이 전한前漢을 융성케 한 까닭이요, 소인을 가까이 하고 현신을 멀리함이 후한後漢을 쇠퇴하게 한 원인이다. 제갈량의 출사표出師表에 나오는 말이다.

오늘의 세상은 인재를 등용함에 있어서 오로지 학문과 재주만을 귀중히 여기고, 그 덕德과 의義는 귀중히 여기지 않는다. —이이 《율곡집》

今之取人 只以文藝爲重 不以德義爲貴
금지취인 지이문예위중 불이덕의위귀

덕德이란 화합을 중시하는 것이요, 의義란 명예를 중시하는 것이니, 덕의德義는 화합과 공명정대함을 따르는 것이다.

사람을 쉽게 쓰기 때문에 정치가 날로 어지러워지고, 정치가
어지러워지기 때문에 국가가 위태롭고 쇠망해 간다. —이곡 〈가정집稼亭集〉
用人以故政日亂 政亂故國家 隨以危亡
용인이고정일란 정란고국가 수이위망

　남을 헐뜯고 사사로운 허튼소리를 잘하는 사람에게는 큰일을 맡
기지 말라. 장래가 촉망되는 자라야 국가를 위하여 원대한 일을 수
행할 수 있고, 나랏일을 진실로 걱정하는 자라야 올바른 정치의 길을
구현할 수 있다. 하는 일이 현실에서 멀거나 졸속한 머리로 우환憂患
을 자초하는 자를 멀리하고 가까이 두지 말아야 한다. —〈관자〉

　범인은 사익을 중시하고, 청렴한 선비는 명예를 중시한다. —〈장자〉〈외편〉
衆人重利 廉士重名 중인중리 염사중명

　천하에 아무리 뛰어난 매라도 새벽을 알리는 일을 맡기면 늙은 수
탉만 못하고, 아무리 명마名馬라 하더라도 쥐 잡는 일을 시키면 늙은
고양이만 못하다. 하물며 닭이 사냥하고, 고양이가 수레를 끌 수 있
겠는가. 이지함의《토정집土亭集》에 나오는 글로, 유능한 인재일수록
적재적소에 등용해야만 능력을 발휘할 수 있다는 인사관리의 기본
요체를 지적한 말이다.

정치의 안정은
법치에 달려 있다

한비자韓非子(BC 280?~BC 233?)는 중국 전국시대戰國時代 난세의 사상가이며 정치철학자로, 당시 주변 국가들의 흥망성쇠興亡盛衰를 모두 지켜본 사람이다. 그의 저서 《한비자》는 국가의 통치철학을 정리한 것이다.

그는 정치의 안정은 법치의 확립이 근본이고, 법치의 확립은 법의 집행이 만인 앞에 공평하고 엄격해야 하며 신상필벌의 법령이 확고하게 확립되는 데 있다고 보았다.

> 나라가 잘 다스려지고 강해지는 것은 법이 바르게
> 행해지는 데서 생기고, 약해지고 혼란스러워지는 것은
> 법이 바르게 행해지지 못하는 데서 생겨난다. ─《한비자》
>
> **治强生於法 弱亂生於阿** 치강생어법 약란생어아

법은 천하의 저울이고 말이며, 지도자가 따라야 할 먹줄이다. —《회남자》

法者天下之度量 而人主之準繩也 법자천하지도량 이인주지준승야

상벌의 원칙이 분명해야 국민들이 국가를 자랑스럽게 여기고 국가에 대한 충성심이 생겨 국가를 위하여 자신의 목숨을 바치는 애국심을 가지게 된다. 올바른 법치의 실행만이 나라를 부강하게 만들고 국가 조직과 군대를 강하게 만든다. 공평한 법치 확립은 애국심을 배양한다.

공로를 세운 신하가 인정을 받지 못하고,

관직의 이동도 원칙을 잃어 바르게 행해지지 않으면

관리들은 직무를 아무렇게나 처리하고 외부세력과 내통하며

자신의 일을 팽개쳐 두고 재물에만 관심을 두게 된다. —《한비자》

攻勞之臣不論 官職之遷失謬 공로지신불론 관직지천실류

是以吏偸官而外交 棄事而財親 시이이류관이외교 기사이재친

한 국가의 국운은 그 시대 지도자의 올곧은 리더십, 그에 부합하는 국민의 노력에 따라 강해지기도 하고 약해지기도 한다. 인간은 죽었다가 다시 살아날 수 없지만 나라는 망했다가도 다시 흥할 수 있다. 2000여 년 전 이스라엘은 나라를 잃고 이 나라 저 나라를 떠도는 민족이었지만 지금은 전 세계에 막강한 영향력을 휘두르는 강한 국가가 되었다.

정치만 잘하면
국민은 모두 애국자가 된다

한비자는 정치력과 군사력은 외세에서 구할 수 없으므로 정치력은
그 시대의 지도자에 달려 있고, 군사력은 그 나라의 내정內政에 달려
있다고 보았다. 국내 정치가 공명정대하게 행해지면 국민들은 애국
심이 발동하여 국가에 목숨을 바친다.

훌륭한 정치와 강한 군사력은 외부에서 구할 수
있는 것이 아니라 내정을 얼마나 잘하느냐에 달려 있다. ─《한비자》
治強不可責於外 內政之有也
치강불가책어외 내정지유야

춘추시대 손자병법孫子兵法의 손무孫武 또한 "전쟁의 승패는 누가 더
정치를 잘하느냐에 따라 결정되는 것"이라고 했다.

손자병법의 가장 중요한 다섯 가지 계책 중 첫 번째가 도道이다. 여기서 '도'란 국민으로 하여금 지도자와 같은 뜻을 품게 하는 것이다. 뜻이 같으면 생사를 같이 할 수 있으니 국민이 위험을 두려워하지 않는다.

상이 후하고 믿음이 있으면
사람들은 적을 두려워하지 않고, 형이 무겁고 빠짐 없이 실행되면
사람들은 적을 만나도 도망치지 않는다. —《한비자》
賞厚而信 人輕敵矣 상후이신 인경적의
形重易必 失人不北矣 형중이필 실인불북의

국가가 국민을 잊지 않으면 위기에 처했을 때 국민은 국가를 위해 기꺼이 목숨을 바친다. 국가를 위해 희생한 국민의 가족을 국가가 책임지는 신상필벌信賞必罰 제도가 확립되어 있다면, 국민들은 두려움 없이 국가를 위하여 목숨까지 바칠 것이다. 그러나 응당한 상을 주는 데 인색하다면 자신의 목숨만 부지하려 들 것이다.

나라를 다스리는 이치를 바르게 터득하면
나라가 비록 작더라도 부강하고, 상벌이 신중하고 믿음이 있으면
백성의 수가 비록 적더라도 강해진다. —《한비자》
明於治之數 則國雖小 富 명어치지수 즉국수소 부
賞罰敬信 民雖寡 强 상벌경신 민수과 강

인재를
골라 쓰는 안목

《전국책戰國策》〈초책楚策〉에 다음과 같은 이야기가 나온다. 천리마가 등짝에 소금을 가득 지고 가파른 태행산 언덕을 넘기 위해 무릎이 꺾일 만큼 애를 쓰고 있었다. 이 참혹한 상황을 본 백락伯樂이 단번에 천리마千里馬임을 알아보고는 눈물을 흘리며 옷을 벗어 말을 덮어 주었다. 그러자 천리마는 자신을 알아 주는 백락을 향하여 머리를 높이 쳐들고 큰 소리로 울부짖었다고 한다.

세상에 백락(인재를 알아보는 임금)이 있은 다음에야 천리마(인재)가 있게 마련이다. 천리마는 항상 있지만 백락은 늘 있는 것이 아니다. —한유韓愈 《고문진보古文眞寶》〈잡설〉

世有伯樂然後有千里馬 千里馬常有伯樂不常有
세유백락연후유천리마 천리마상유백락불상유

---

2 백락伯樂은 춘추시대 손양이라는 사람의 자字이다. 그는 천리마를 잘 식별한 것으로 유명한 말 감정가이다. 그로부터 인재를 잘 알아보는 임금을 비유하는 말로 쓰이고 있다.

중궁仲弓이 공자에게 정사에 대해 물으니 공자가 말하기를, "먼저 각자 일을 맡기고, 작은 과실은 용서하며, 뛰어난 인재를 등용해야 한다."라고 하였다. "어떻게 뛰어난 인재를 등용합니까?" 하고 중궁이 다시 묻자, "네가 알고 있는 인재를 등용하면 네가 알지 못하는 인재들을 다른 사람들이 내버려 두겠느냐?" 하고 공자가 답하였다.

—《논어》〈자로편〉

사람을 쓰는 방법은 마땅히 그 덕행을 우선으로 삼고,
그 다음에 재능을 보아야 한다. —권벌權橃 《충재집沖齋集》
用人固當以德行爲先 而文藝爲後 용인고당이덕행위선 이문예위후

어느 시대에나 인재는 있다. 인재들은 훌륭한 안목의 인사권자를 만나야 제자리에서 능력을 충분히 발휘할 수 있다. 지도자의 중요한 능력 중 하나는 훌륭한 인재를 찾아 등용하여 활용하는 것이다.

어진 사람을 등용하여 부리고 능력 있는 사람에게
일을 맡기면 모든 이들은 저절로 화합할 것이다. —《서경》
推賢讓能 庶官乃和 추현양능 서관내화

우물 안의 개구리에게 바다에 대해 얘기해도 알지 못하는 것은 좁은 장소에서만 살기 때문이다(井中之蛙不知大海 정중지와부지대해). 이는

《장자》〈추수편〉에 나오는 고사로, 넓은 세상의 물정을 잘 알지 못하여 당연한 일을 따르지 못하는 편협한 안목을 가진 사람을 비유할 때 자주 쓰이며 '정중와井中蛙'라고도 한다.

죄 지은 자는 반드시 벌하여 군주의 위엄을 분명히 하고, 공이 있는 자는 반드시 상을 주어서 그 능력을 다하게 한다. —《한비자》〈내저설 상편 7술〉

必罰明威 信賞盡能 필벌명위 신상진능

지도자는 또한 '읍참마속泣斬馬謖'을 할 수 있어야 한다. 읍참마속은 중국 촉나라의 제갈량이 군령을 어기어 가정街亭 싸움에서 패한 마속을 눈물을 머금고 참형에 처했다는 이야기에서 유래한 고사이다. 장관이 제갈량에게 "마속 같은 유능한 인재를 없앴다는 것은 참으로 아까운 일입니다."라고 말하자 제갈량은 "전쟁을 시작하자마자 처음부터 군령을 어기면 어떻게 적을 평정할 수 있겠는가?"라고 말했다. 법과 원칙이 분명해야 나라가 바로 서는 것이다.

군주는 어진 인재를 등용할 때 부득이한 것처럼(누구나 납득이 가도록) 신중해야 한다. 낮은 자를 나중에 높은 자보다 더 윗자리에 앉히고, 소원한 자를 친척보다 위에 두는 일인데 신중하지 않을 수 있겠는가?

—《맹자》〈양혜왕 하편〉

國君進賢 如不得已 將使卑踰尊 疏踰戚 可不慎與

국군진현 여부득이 장사비유존 소유척 가부신여

선비는 자기를 알아주는
사람을 위해 목숨을 바친다

선비는 자신을 알아주는 사람을 위하여 쓰이는 것이요,
절개는 추운 겨울에도 시들지 않는다. ―《현문》
士爲知己用 節不藏寒凋 사위지기용 절불세한조

중국 전국시대 진나라 사람인 예양豫讓이 자신의 재능을 알아주고 중
용했던 지백智伯을 위해 조양자趙襄子에게 복수를 결심하면서 한 말이
다. "무릇 선비된 자는 자기를 알아준 이를 위해서라면 목숨이라도
기꺼이 바칠 수 있다." 사마천의 《사기》에 나오는 이 말은 지기知己의
의미를 되새기게 한다.

선비는 자기를 인정해 주는 사람을 위해 목숨을 바치고,
여자는 자기를 사랑해 주는 이를 위해 화장을 한다. ―《사기》
士爲知己者死 女爲悅己者容 사위지기자사 여위열기자용

권력은 나누어 가지면 가볍다

정치는 화합에 있으며, 모든 갈등은 권력을 독점하려는 데서 생겨난다. 서로를 헐뜯고 흠집 내는 '증오'를 브랜드로 내세운 지도세력이 아닌, '화합의 브랜드'를 내세우며 대중을 하나로 만들 수 있는 감성의 정치인을 만나고 싶다. 화합하면 힘을 합할 수 있고, 힘을 합하면 나라가 부강해지고 평안해진다. 분열과 반목을 거듭하는 우리 사회는 언제쯤 이런 모습을 이룰 수 있을런지. 쉽지는 않겠지만 기대해 본다.

> 권력을 나누어 통치하라는 말은 훌륭한 표어이다.
> 하나로 화합하여 리드하라는 말은 더 나은 표현이다. —괴테
> Divide and govern, and capital motto!
> Unite and lead, a better one!

인간은 정치적인 동물이다. —**아리스토텔레스 〈정치학〉**

Man is a political animal.

"리버럴아메리카도 없고 보수아메리카도 없습니다. 아메리카합 중국이 있을 뿐입니다. 흑인아메리카도 없고 백인아메리카도 없고 라틴아메리카도 없고 아시안아메리카도 없습니다. 아메리카합중국 이 있을 뿐입니다. 우리는 냉소의 정치에 참여해야 할까요, 아니면 희망의 정치에 참여해야 할까요?"

미국 대통령 버락 오바마가 민주당 상원의원 후보이던 2004년 7월 민주당 전당대회 기조연설에서 한 말이다. 이 16분짜리 연설 하나로 오바마는 하루아침에 유명해졌다. 시사 주간지 〈타임〉은 '녹아웃KO 연설'이라고 격찬했는데, 실제로 그의 연설은 많은 유권자들을 녹아 웃시켰다. 그는 덕분에 상원의원에 가볍게 당선됐고 그로부터 불과 4년 4개월 만에 제44대 미국 대통령이 됐다. 갈등과 분열이 아니라 그것을 넘어선 '화합'을 주장하며 유권자들의 심리를 사로잡은 오바 마의 연설은 우리 사회에도 시사하는 바가 크다.

권력은 부패하기 싶고 절대 권력은 반드시 부패한다.

—**액튼이 맨들 크레이튼 주교에게 보낸 '편지'**

Power tends to corrupt and absolute power corrupts absolutely.

차이점보다는
공통점을 찾아라

求大同存小異 구대동존소이

1955년 4월 인도네시아 휴양도시인 반둥Bandung에서 제1회 아시아·아프리카회의가 열렸다. 미국과 구소련 양대 진영 중 한쪽으로 줄서기를 강요받거나 회유받았던 소위 제3세계 국가들이 독립적인 목소리를 내고 공동의 터전을 마련하기 위해 열린 회의였다.

> 차이점을 인정하면서 같은 점을 찾아 추구한다. —**중국 속담**
>
> 求同存異 구동존이

이 자리에서 중국의 저우언라이周恩來 총리가 내놓은 것이 바로 '구동존이求同存異'의 원칙이다. '구대동존소이求大同存小異'란 큰 줄기에서 서로 같은 것은 함께 추구하되, 작은 이견은 그대로 인정하고 화합하여 협력하는 것을 말한다. 이 연설의 배경에는 식민주의로 인해

대다수 아시아, 아프리카 국가들이 겪은 고통의 역사가 깔려 있었다. 그러한 불행을 함께 겪었기 때문에 공통의 토대와 관심사에 호소하여 동의와 합의를 이끌어 낼 수 있었다.

같은 것끼리 좋아한다.(類類相從 유유상종)—**아리스토텔레스 〈수사학〉**
Like to like.

저우언라이가 말한 '구동존이'는 회의에 참가한 국가들의 큰 지지를 얻었고 반둥회의 공동성명의 기초가 되었다. 나아가 중국이 세계 외교무대에서 새롭게 등장하는 계기가 되었다.

단결은 힘을 가져다준다.—**이솝우화 〈젓가락 묶음〉**
Union gives strength.

진정한 민주주의와 평화는 차이를 존중하는 것에서 시작된다. 같은 무리들끼리 패당을 만들고 뜻이 다른 쪽을 공격하는 당동벌이黨同伐異가 아닌 차이를 인정하는 '구동존이'의 자세로 공동의 이익을 추구한다면 국내정치는 물론 국제사회에서도 대범한 상생의 정치를 이룰 수가 있다. 오늘날 우리 대한민국의 정치 현실은 과연 어떠한가?

인간관계에서도 다른 사람과의 차이를 어떻게 받아들이는가 하는 태도는 그 사람의 됨됨이를 가늠하는 시금석이 될 수 있다. 가장 나쁜 사람은 '사소한 차이를 극대화'하려는 사람이고, 가장 나쁜 정치는 '정치적 이견을 극대화'하려는 정치이다.

탈무드　부부 싸움

랍비가 부부 문제 상담에 젊은 랍비를 동석시켰다. 부부의 이야기를 한 사람씩 따로 들어 보니 서로 상대를 아끼고 사랑한다는 사실을 알 수 있었다. 랍비는 우선 남편의 말을 듣고 그 말이 맞다고 동조했다. 또 아내의 이야기를 들어주고 그 말도 맞다고 했다. 그들이 돌아가고 나자 젊은 랍비가 납득할 수 없다며 "어떻게 둘 다 옳을 수 있습니까?"라고 했다. 그러자 랍비가 말했다. "자네의 말도 옳네." 사람들의 상반된 견해에 이 사람이 옳고, 저 사람은 틀렸다는 판결은 바람직하지 않다. 그러면 대립은 더 심해지니 양쪽의 의견을 존중해 주면 서로 화해할 수 있는 길이 트인다.

아무리 차이가 크더라도 조그마한 공통점은 분명히 있다. 차이에만 집착한다면 함께할 수 있는 것이 아무것도 없다. 사람 사는 세상에 '차이'란 게 없을 수는 없다. 차이는 갈등과 분쟁을 야기시키기도 하지만, 가정의 화평이나 진정한 민주주의와 평화는 차이를 존중하는 것에서부터 시작된다.

노자가 말하는
외교의 기본

외교란 다른 나라와 정치적·경제적·문화적으로 관계를 맺는 일로, 큰 나라가 작은 나라에 먼저 겸손해야 한다는 것이 노자가 말하는 외교의 기본원칙이다.

"대국은 여러 강이 바다를 만나는 하류下流와 같아야 한다. 바다는 강물을 차별하여 골라 들이지 않고 이 강물 저 강물을 가리지 않고 다 받아들여 품에 안는다. 그러므로 대국이 마땅히 겸허해야 양쪽이 각각 상호 그 욕망하는 바를 얻게 된다."

노자가 마치 요즘 국제·정치·외교를 미리 내다보고 한 말 같다.

대국은 강의 하류와 같아서 여러 작은 나라들이
서로 만나는 곳이고 여러 작은 나라의 어머니와 같다.
대국이 스스로 낮추어 작은 나라를 대하면 작은 나라를 얻고 작은 나라가 스스로를 낮추어 큰 나라를 대하면 큰 나라를 얻는다.

그러니 대국도 스스로 낮춤으로써 얻고

작은 나라도 스스로 낮춤으로써 얻는다. —《노자도덕경》

大國者下流 天下之交 대국자하류 천하지교

天下之牝 大國以下小國 천하지빈 대국이하소국

則取小國 小國以下大國 즉취소국 소국이하대국

則取大國 惑下以取 즉취대국 혹하이취

惑下而取 혹하이취

큰 것이 작은 것을 업신여기면 결국 작은 것을 잃는다. 지렁이도 밟으면 꿈틀하지 않는가. 또 작은 것이 분수를 모르고 큰 것을 함부로 대하면 큰 손해를 입는다. 침하侵下는 위가 아래를 업신여기는 짓이요, 오상傲上은 아래가 위를 업신여기는 짓이다. 그래서 침하하면 환患이요, 오상하면 우愚라고 한다. 누구든 업신여기는 것은 방자한 짓이고 반드시 우환憂患을 가져온다. 근심걱정을 떠나고 싶으면 개인이나 국가나 겸허하고 겸손하라. 동서양의 지도자들에게 《노자도덕경》이 왜 필독서인가를 알려 주는 대목이다.

인간사 모든 커다란 변화는 타협으로 이루어진다. —시드니 스미스[3]

All great alterations in human affairs are produced by compromise.

---

[3] 시드니 스미스Sydney Smith(1771~1845). 영국의 목사, 수필가.

뭉쳐야
강해진다

"뭉치면 살고 흩어지면 죽는다United we stand, divided we fall." 벤저민 프랭클린(1706~1790)이 한 말이다.

되는 집안은 부모의 말 한 마디에 일사불란하게 복종하고 따른다. 그러나 안 되는 집안은 부부간, 부모 자식 간, 또 자식들끼리 틈만 나면 불화가 생기고 싸운다. 사회 전반적인 조직, 특히 직장의 분위기와 문화에 따라 그 조직의 흥망성쇠가 결정된다. 국가의 일을 하는 곳인 국회는 높은 하늘을 나는 독수리의 양 날개처럼 여야가 서로 중심과 균형을 잡아야 더 멀리 더 높이 날 수 있다.

홀로 선 나무로는 숲을 이루지 못하고
손바닥 하나로는 소리 내기 어렵다. —《현문》

獨木不成林 孤掌難鳴 독목불성림 고장난명

많은 사람들이 배를 타고 가고 있었다. 그런데 한 사람이 배 바닥에 구멍을 뚫기 시작했다. 다른 사람들이 깜작 놀라 만류했지만 그는 들으려 하지 않았다. "여기는 내가 앉는 자리니까 내 마음대로 하겠소." 결국 그 배는 물속으로 가라앉고 말았다. _같은 배를 타면 행동을 같이 해야 한다.

《탈무드》에서 유대인 모두는 한가족이고 형제이다. 유대인들은 서로 화목하게 일을 해결하고 도와야 하며 반유대인들 속에서 안전을 지키기 위하여 뭉쳐야 한다고 가르친다. 한 개의 갈대는 쉽게 부러지지만 100개의 갈대를 다발로 묶으면 강하다. 개들을 한데 모아 놓으면 서로 싸우지만 이리가 나타나면 싸움을 그친다.

죽음을 앞둔 한 늙은 농부가 세 아들을 불러 모아 놓고 나무 한 다발을 내밀었다. 그리고 "누가 이 나무다발을 부러뜨려 보겠느냐?" 하고 물었다. 세 아들 모두 부러뜨리지 못하자 농부가 나무다발을 풀어 하나씩 나눠 주며 다시 부러뜨려 보라고 했다. 세 아들 모두 쉽게 부러뜨리자 농부가 말했다. "명심해라! 뭉치면 강해지고 흩어지면 약해진다."

진정한 애국심에는 당파黨派가 없다. —**토비아스 스몰렛**[4]

True patriotism is of no party.

---

[4] 토비아스 스몰렛Tobias George Smollett(1721~1771). 피카레스크picaresque 소설의 전통을 이은 영국 소설가. 대표작으로 서간문체 소설의 걸작 《험프리 클링커의 원정》 등이 있다.

윗물이 맑아야
아랫물이 맑다

우리 국민들이 정치인들에게 갖는 불신은 대단히 크다. 오죽하면 여의도 국회의사당이 불신 바이러스를 만들어 내는 공장이라는 막말이 생겨났을까. 정치인들은 눈과 귀를 막은 채 국민들의 소리에 귀기울이지 않고, 자신들의 이익과 관련된 예산심의나 입법 문제에만 열을 올리고 여야가 어김없이 뒤엉켜 싸운다.

정치는 양심을 깔아뭉갠다. —셰익스피어 《아테네의 타이먼》
Policy sits above conscience.

소싸움을 하려고 원형 경기장에 들어선 소들은 살아남기 위해 상대 소와 치열한 사투를 벌인다. 하지만 싸우면서 뿔 외의 다른 방법은 사용하지 않는다(정직하게 룰을 지킨다). 싸움소가 이기려면 머리를 낮추어야 하며(겸손을 기본원칙으로 한다), 게임에서 졌다고 판단되면 스스로 더 이상 싸움을 하지 않는다(깨끗이 승복하고 물러선다). 소싸움에도 원칙이 있다. 진 쪽이 승복하는 것이다. 그런데 대한민국 국회는 게임의 룰이 지켜지지 않는다.

흐르는 물의 맑고 흐림은 그 윗물에 달려 있다. ―《정관정요貞觀政要》

流水淸濁在基源 유수청탁재기원

태초에 자연은 제일 높은 곳에 제일 맑은 물이 있었다. 그러나 무위無爲[5]가 사라지고 인위人爲[6]가 지배하면서 제일 썩은 물이 가장 높은 곳에 자리잡게 된 것이다. 물은 윗물이 맑아야 아랫물이 맑고, 하늘은 밑에 사는 사람들이 깨끗하게 살아야 하늘이 맑아진다.

물고기는 항상 대가리부터 썩는다. ―터키 속담

The fish always stinks from the head downwards.

인간은 청정한 마음을 통해 선과 진리를 볼 수 있다. 사심이 없기 때문이다. 그러나 부패한 지도층 밑에서 항상 부정한 기업들이 자라나는 것은 습기 찬 곳에 이끼와 곰팡이가 서식하는 것과 같은 이치이다.

---

[5] 모든 만물을 자연의 법칙대로 자연스럽게 내버려 두는 것.
[6] 사람의 힘으로 자연 그대로의 법칙이나 모습을 바꾸는 것.

정권만 바뀌면 돈 먹은 실세들이 줄줄이 감옥에 가고 그러면 또 정치 보복이라고 뻔뻔하게 도둑이 큰소리치는 나라가 대한민국이다.

부정한 이득은 화가 된다. —소포클레스 〈안티고네〉

Ill-gotten gains work evil.

관직을 다스림에는 공평 이상의 것이 없고,
재물을 대함에는 청렴 이상의 것이 없다. —《명심보감》〈입교편立敎篇〉

治安莫若平 臨財莫若廉 치안막약평 임재막약렴

이솝우화 **부패한 지도자**

지도자로 뽑힌 늑대가 늑대들을 모두 모아 놓고 앞으로 사냥한 것은 모두 균등하게 나눈다는 새로운 법을 선포했다. 그러자 어린 늑대가 말했다. "당신은 평범한 늑대가 아니라 지도자가 아닌가요? 그렇다면 모범을 보여야 하잖아요. 어제 보니까 당신 굴에 사냥한 토끼를 감추던데 그것부터 나누어야 하는 것 아닌가요?" 지도자가 스스로 만든 법을 지키지 않는 한 그 누구에게도 법을 지킬 것을 기대할 수 없다.

_윗물이 맑아야 아랫물이 맑다.

만일 행실이 도리道理에 맞지 않고 행동이 의롭지 못하면서 높은 지위나
귀한 자리에 있다면 반드시 화를 당하게 된다. —《오자》〈제일도국편第一圖國篇〉

若行不合道 擧不合義 而處大居貴 患必及之
약행불합도 거불합의 이처대거귀 환필급지

12

역사는 선례로
배우는 철학이다

역사는 사람들에게 과거에 대해 알려 줌으로써 그들로 하여금
미래에 대한 판단을 할 수 있게 해 준다. 역사는 후세에 바로잡을 수 있는 것이 아니라
있는 그대로 겸허히 받아들이고 인정하며, 좋은 것은 계승하고 잘못된 것은 기억해서
되풀이하지 않는 것이 역사의 교훈이고 철학이다.

역사는 나무의
나이테와 같다

나무의 나이테는 그 나무가 살아온 역정이고 역사이다. 나무가 긴 세월을 살다 보면 곧게 자란 때도 있고 세월에 따라 구부러지거나 상처 받는 때도 있다. 또 북쪽을 향한 쪽은 나이테가 좁고 남쪽은 넓게 자라난다. 계절과 빛의 방향에 따라 성장이 다른 것이다.

> 역사는 참으로 시대의 증인이요, 진실의 등불이다. — 키케로 《수사학》
> History indeed is the witness of the times, the light of truth.

역사는 나무의 나이테처럼 계절(시대)에 따라 모양과 형태가 다를 수 있지만 결국은 한 나무인 것이다. 역사에 정당한 역사가 어디 있고 부당한 역사가 어디 있는가? 역사는 역사로 남는 것이지 나중에 고칠 수 있는 것이 아니다. 그런데도 정권만 바뀌면 마치 적군을 소탕하듯 왜 극한으로 매번 대립해야만 할까? 세상에 동서남북이 똑같이 존재해야 된다는 법칙은 없다. 모든 것을 받아들이는 것이 자연의 순리이다. 서로를 인정하며 좋은 것은 계승하고 잘못된 것은 바로잡아 가면 언젠가 우리 사회가 발전적으로 통합되지 않을까?

역사란 지나간 정치요, 정치는 현재의 역사이다. —존 실리[1] 《영국정책의 발전》
History is past politics, and politics present history.

유무有無, 대소大小, 상하上下, 생사生死, 장단長短, 전후前後 등은 단독적 개념으로 존립할 수 없는 상관관계를 이루고 있다. 우리 정치사의 고질병은 전임을 인정하지 않고 부정하며 단절하는 것이다. 역사는 나무의 나이테와 같이 지나간 세월을 부정하거나 뛰어넘어 버리고 갈 수 있는 것이 아니라 이어져 가는 것이다.

역사는 실례로 가르치는 철학이다. —디오니시우스[2] 《로마유물》
History is philosophy teaching by examples.

역사는 세월의 흐름을 입증하는 증인이다. 그것은 현실을 밝혀 주고 기억에 활력을 주며, 일상생활에 지침이 되고 우리에게는 고대인들의 소식(가르침)을 전해 준다. —키케로 《수사학》

---

[1] 존 실리John Robert Seeley(1834~1895). 19세기 영국의 역사가, 케임브리지 대학교 교수. 저서로 《영국팽창사론》이 유명하다.
[2] 디오니시우스Dionysius of Halicarnassus(BC 60~BC 12). 고대 그리스의 역사가, 수사학자.

옛것을 잊지 말고
새것을 받아들여라

옛것은 오늘의 뿌리이고 바탕이다. 미래를 알려거든 먼저 지나간 일을 살펴보라. 미래는 현재를 얼마나 충실하게 사느냐에 따라 달라진다. 어제가 오늘이 되고 오늘이 내일이 되어 우리에게 돌아오는 것이다.

지금을 살피고자 하면 옛것을 거울로 삼아야 한다.
옛것이 없으면 지금이 생겨날 수 없기 때문이다. —**〈현문〉**

觀今宜鑑古 無古不成今 관금의감고 무고불성금

나무는 뿌리가 깊을수록 흔들림이 없고, 깊은 우물은 가뭄에도 마르지 않는다. 사람도 뿌리와 바탕이 튼튼해야 생명력과 자생력을 갖게 된다. 《논어》에는 옛것의 중요성이 잘 강조되어 있다.

옛것을 잊지 않고 새것을 알면 스승이 될 수 있다.

溫故而知新 可以爲師矣 온고이지신 가이위사의

고전古典, 즉 전통문화와 역사를 포함한 옛것을 알고 새것을 받아들이면 남을 가르칠 수 있다. 요컨대 그 분야에서 최고가 될 수 있다. 옛것을 알면서 현실을 모르면 현실과 동떨어지고, 현재만 알고 과거의 역사를 모르면 뿌리가 약한 나무와 같다.

앞에 있었던 일을 잊지 않으면 뒷일의 스승으로 삼을 수 있다. —《전국책》

前事之不忘, 後事之師 전사지불망 후사지사

지난 역사적 사실들을 잊지 않고 되새기면서 역사의 거울을 통해 우리 시대가 나아가야 할 올바른 방향과 지향점을 정립해야 한다. 과거를 돌아보지 않는 맹목적 현실 대처로는 올바른 미래를 개척할 수 없다. 역사의 거울을 통하여 미래에 가야 할 길을 재확인해야 한다.

역사는 사람들에게 과거에 대해 알려 줌으로써

그들로 하여금 미래에 대한 판단을 할 수 있게 해 준다. —**토머스 제퍼슨**[3]

History, by apprising [men] of the past,

will enable them to judge of the future.

---

[3] 토머스 제퍼슨Thomas Jefferson(1743~1826). 미국 제3대 대통령. 미국 독립선언문의 기초자이자 미국 건국의 아버지.

앞수레의 바퀴 자국이
뒷수레에 교훈이 된다

전한前漢 초기의 명신名臣 가의賈誼는 탁월한 재능이 눈에 띄어 21세
에 태중대부太中大夫까지 오른 인물이다. 가의는 문제文帝를 보필해 국
정을 쇄신하는 큰 업적을 남겼는데, 그의 박식함과 시의적절한 조치
는 원로대신들을 놀라게 하기에 충분했다. 아래의 글은 그가 국정에
대한 의견을 상소한 글의 한 대목이다.

앞수레가 뒤집어진 것을 뒷수레는 교훈으로 삼아야 한다. —가의

前車覆後車戒 전거복후거계

중국 후진타오 주석은 2005년 9월 항일전쟁 승리 60주년 기념식
에서 '전사불망 후사지사前事不忘 後事之師(지나간 일을 잊지 않고 훗날의 스승
으로 삼는다)'를 강조했다. "역사적 원한을 연장할 필요가 없으며, 지나간

일을 거울삼아 미래를 향해 나아가자."는 것이다. 그런데 우리나라의 지도자들은 앞수레가 엎어진 자국을 그대로 뒤쫓듯, 오뉴월 불나방이 끊임없이 촛불에 뛰어들어 죽는 것처럼 한결같이 반복하고 쇠고랑 차는 일을 되풀이하고 있으니 참으로 딱한 일이다.

다음 글은 제2차 세계대전 당시 400만 명 이상의 유대인과 폴란드인이 학살된, 나치스가 세운 아우슈비츠 수용소에 걸려 있는 글귀이다.

> 역사를 기억하지 못하는 사람은
> 그 역사를 되풀이할 수밖에 없다. —조지 산타야나[4]
> The one who does not remember the history is
> bound to live through it again.

역사를 기억하지 않는 나라에는 미래가 없다. 단순히 역사적 사실을 익히는 것이 아니라 당시 상황을 이해한 뒤 역사적 과오를 반성하고 교훈 삼아야 더 나은 국가의 미래를 기약할 수 있다.

> 지나간 역사는 애국적 시도(방향)를 위한
> 해상도이며 나침반이다. —아서 헬프스 〈충고하는 친구들〉
> History is the chart and compass for national endeavor.

---

4 조지 산타야나George Santayana(1863~1952). 에스파냐 태생의 미국 철학자 겸 시인, 평론가.

권력이란 구름 아래 그늘과 같다

높은 자리에 있을 때 덕德을 쌓아야 한다.

권력에 의지한다는 것은 구름 밑 그늘에서 더위를 식히며 쉬는 것처럼 찰나에 불과할 뿐이다. 구름은 하루종일 그곳에 머물러 있는 것이 아니라 잠깐 사이에 흩어지고 사라진다. 권력이란 자석에 붙어 있는 쇠붙이 같다. 자석에서 떨어지는 순간, 자력이 없어진 고철조각이 되고 만다.

해가 있을 때 건초를 만들자. —**세르반테스**

Let us make hay while the sun shines.

세력에 의지하여 남을 능멸하면

세력이 사라진 후 그가 나를 능멸하고,

막다른 골목에서 개를 쫓다가는 개가 사람을 문다. —**〈현문〉**

倚勢凌人 勢敗人凌我 기세능인 세패인능아

窮巷追拘 巷窮拘咬人 궁항추구 항궁구교인

당나귀와 경주마

자신의 우아한 마구를 자랑스럽게 여기던 경주마가 어느 날 좁다란 길에서 당나귀와 마주쳤다. 농장 일에 지친 당나귀에게 경주마가 말했다. "썩 비켜! 내 발굽에 차이기 전에." 당나귀는 경주마의 권위에 눌려 아무 대꾸도 못하고 서둘러 길을 터 주었다. 하지만 그리 오래지 않아 경주에서 다친 말은 농장으로 보내졌다. 그래서 거름을 잔뜩 지게 된 말을 본 당나귀가 쓴웃음을 지으며 이렇게 말했다. "이봐, 평생 멋진 마구만 걸치고 으쓱거리며 지낼 줄 알았지? 이젠 그 짐이나 흘리지 않도록 조심해서 나르라고."

_ 현재의 성공을 자랑하지 말라. 미래가 어떻게 될지는 아무도 모른다.

　대통령 선거 때 선거운동을 했다, 대통령하고 친하다, 대통령 친척이다 하고 자신의 위치를 내세우는 이들은 모두 함량이 부족한 소인배들이다. 그 사람들이 지도자 옆에 있게 된 것은 신발에 묻어서 집 안까지 들어온 발바닥의 진흙처럼 바람처럼 스쳐 가는 순간의 인연일 뿐이다. 이를 모르고 오늘날 정치세력들까지도 할 말 안 할 말을 가리지 않고 마구 해대는데, 이는 다 속이 허한 빈 깡통들이 내는 소리에 불과하다.

모든 정치권력은 다만 위탁이다. —**찰스 폭스**[5]

All political power is a trust.

---

5 찰스 폭스Charles James Fox(1749~1806). 영국의 정치가. 한때 휘그 내각의 외무장관을 지냈다.

올라가면
내려와야 한다

다음 글은 《역경》[6]에 나오는 것으로, 부귀영달이 극에 달한 사람은 쇠할 염려가 있으므로 행동을 삼가야 함을 비유하여 이르는 말이다. 또한 욕심에 한이 없으면 반드시 후회하게 됨을 비유하여 이르는 말이기도 하다.

하늘 끝까지 올라간 용은 내려갈 길밖에 없음을 후회하게 되고

가득 차면 오래가지 못한다. —《주역》

亢龍有悔 盈不可久也 항룡유회 영불가구야

정상에 올라가면 내려와야 한다. "달도 차면 기운다."는 속담이 있

---

[6] 유학의 다섯 가지 경서 중 하나로, 주역周易의 다른 이름이다.

듯이 평생을 살아가는 동안 정상에 오르는 과정이 인생에서 가장 아름다운 꽃일지 모른다. 그러나 오늘 핀 꽃은 내일은 지고 만다. 일단 정상에 올라서고 나면 내려와야 한다.

> 사람은 제일 높은 정상까지 오를 수는 있으나
> 거기에 오래도록 머무를 수는 없다. —조지 버나드 쇼 《캔디다》
> Man can climb to the highest summits,
> but he cannot dwell there long.

어린 고양이가 나무에 올라갔다가 잘 내려오지 못하는 경우가 종종 있다. 발톱 구조가 올라갈 때는 잘 걸리지만 머리를 아래로 두고 내려오려면 제 기능을 하지 못하기 때문이다. 올라가는 것보다 내려오는 것이 어려운 법이다. 산도 무엇을 지고 오르는 것보다 지고 내려오는 것이 훨씬 더 어렵다. 아무것도 갖지 않고 유유히 내려오는 것이 가장 안전하다. 이것이 만고에 세상 사는 이치이고 진리이다.

> 높은 자리에서 영화를 누리고 있을 때 위태로움을 생각하며 두려워해야 한다.
> 두려워하지 않으면 두려운 일을 당하게 된다. —《서경》
> 居寵思危 罔不惟畏 不畏 入畏 거총사위 망불유혜 불외 입외

이정李靖은 이세민을 도와 당나라를 개국한 공신이자 명장으로 위국

공衛國公에 봉해졌다. 달이 차면 기울듯이 부귀가 과하면 패함을 알고 상소를 올려 물러나기를 청했다. 그러자 태종은 그의 덕을 높이 기려 당대當代의 법으로 삼았다. 하지만 다른 공신들은 그 자리를 지키다가 태종이 세상을 떠나고 고종이 즉위한 후 측천무후則天武后에 의해 죽임을 당하고 말았다.

(달이 차면 기울 듯이) 만물은 극에 달하면 반드시 되돌아오고
세력은 강해지면 반드시 약해지기 마련이다. —〈노자도덕경〉
物極必反 勢强必弱 물극필반 세강필약

물러나야 할 때 물러나지 않고 욕심을 부리다가 불행을 당한 예는 우리 역사에도 부지기수다. 자신의 역할을 다했으면 과감하게 그 무대에서 물러나야 한다. 공을 이룬 뒤 미련 없이 떠나야 지혜로운 사람이라는 것을 선인들은 역사를 통해 알려 주고 있다.

떠날 때는 마땅히 훌훌 털고 떠날 것이요,
다시 미련을 가져 머무는 일이 없도록 하라. —〈현문〉
去時終須去 再三留不住 거시종수거 재삼류부주

내가 원하는 것은 무엇이든 다 가져야 하는 집착에서 불안이 생긴다. 삶의 흐름을 따라 사는 것이 집착에서 벗어나 마음의 평온을 얻는

길이다. 삶이 인因과 연緣으로 피어나고 사라진다는 이치를 알면 내 앞에 전개되는 세상만사에 집착하는 것이 부질없음을 깨닫게 되고, 세상만사의 오고 감에 무심無心하게 된다. 삶에 걸림이 없어지고 평안해지는 것이다. —《화엄경》

앞서 갈 때 곧 물러설 때를 생각하고,
일을 시작할 때 그 일손을 놓아야 할 때를 생각하라. —《현문》
進步便思進退 着手先圖放手 진보변사진퇴 착수선도방수

사람들은 젊기만을 바라고 늙기를 바라지 않는다. 그러나 늙음을 모르고 젊음만을 바라는 것이 도에 어긋나는 부도不道이다. 생生하면 노老하고 성盛하면 쇠衰하는 것이 도의 다스림이요, 작용이다.

천지의 섭리는 가득 차면 이지러진다. —《회남자》
天地之道 極則反 盈則損 천지지도 극즉반 영즉손

범사에 기한이 있고 천하만사가 다 때가 있나니 날 때가 있고 죽을 때가 있으며 심을 때가 있고 심은 것을 뽑을 때가 있느니라. —《전도서》 3:1~2
There is a time for everything, and a season for every activity
under heaven: a time to be born and a time to die,
a time to plant and a time to uproot.

매사 취함에는
예가 있다

자기 자신의 언행이 곧 자신의 품격이 된다. 아무리 미인이라도 몸가짐을 헤프게 하면 자신을 싸구려로 만드는 것이요, 군자가 사심이나 사욕을 전제로 일을 처리하게 되면 소인배가 되는 것이다.

자기 자신의 품격을 높이기 위해서는 평소에 품위 있게 행동해야 한다. 자기 자신을 싸구려 취급하는 사람은 타인에게도 역시 싸구려 취급을 받는다. —**윌리엄 해즐릿**

군자도 재물을 좋아하지만 이를 취함에 도가 있는 법이다.
소인은 이익에 방종하게 굴어 하늘의 이치를 돌아보지 않는다. —**〈현문〉**

君子愛財 取之有道 군자애재 취지유도

小人放利 不顧天理 소인방리 불고천리

적을 이용해서
적을 제압한다

쉽게 제압하기 힘든 상대를 제거할 때 쓰는 계략으로 삼국지에 나오는 이간계離間計 또는 반간계反間計가 있는데, 이는 적을 서로 의심하게 만들어 서로를 공격하게 만드는 수법과 전술이다.

오랑캐를 이용해서 오랑캐를 제압한다. —《삼국지연의》

以夷制夷 이이제이

이솝우화 **사자와 세 마리의 황소**

황소 세 마리가 풀을 뜯고 있었다. 세 마리의 황소를 한꺼번에 잡아먹기에는 힘에 겨운 사자는 꾀를 냈다. 각각 흩어져 풀을 뜯고 있는 황소 한 마리에게 살금살금 다가가 귀엣말로 다른 소들이 너를 흉보고 있다고 말했다. 또 다른 소에게도 같은 말을 했다. 마침내 소들은 서로를 불신하게 되고 뿔뿔이 흩어져버렸다. 사자는 결국 소들을 한 마리씩 다 잡아먹었다.

_달콤한 속삭임 속에 나쁜 유혹이 숨어 있다.

평화를 원하거든
전쟁을 준비하라

아리스토텔레스는 "우리는 평화롭게 살기 위해 전쟁을 일으킨다."고
했고, 고대 로마의 유명한 전략가인 베게티우스Vegetius는 "평화를 갈
망하는 자에게 전쟁을 준비하게 하라."고 했다. 이는 모두 유비무환
有備無患의 중요성을 말하는 것이다.

> 항상 전쟁에 대비하는 것이 전쟁을 피하는
> 가장 확실한 방법이다. —페늘롱 《텔레마크의 모험》

To be always ready for war is the surest way to avoid it.

모든 일에는 준비함이 있는 법이니 준비가 되어 있으면 근심할 것
이 없다(惟事事 及其有備 有備無患 유사사 급기유비 유비무환). 《춘추좌씨전》
에 나오는 고사로, 동맹국만 의지하지 말고 항상 자주국방을 위해

노력해야 한다는 점을 강조하는 말이다. 국방력 증강에 적극 대비하는 것만이 전쟁을 피하는 유일한 길이다.

멀리 있는 나라와의 동맹만 믿고 가까운 이웃을 소홀히 하며, 강국의 지원만 믿고 위협이 되는 이웃을 소홀히 여기면 그 나라는 멸망한다. —《한비자》〈망징편亡懲篇〉

恃交援而簡近鄰 怙强大之救 而侮所迫之國者 可亡也

시교원이간근린 호강대지구 이모소박지국자 가망야

유화정책을 쓰는 사람은, 악어를 키워서

결국엔 악어가 자신을 잡아먹게 하는 사람이다. —처칠 〈리더스 다이제스트〉

An appeaser is one who feeds a crocodile-hoping it will eat him last.

이솝우화 **농부와 사악한 뱀**

어느 겨울날, 한 농부가 추위에 꽁꽁 얼어붙은 뱀을 발견했다. 농부는 그 뱀을 불쌍히 여겨 셔츠 속에 집어넣었다. 그런데 농부의 따뜻한 품속에서 정신을 차린 뱀이 그 사악한 본성이 되살아나 농부를 물고 말았다. 농부는 신음하며 '이런 꼴을 당하는 것은 당연해. 사악한 동물에게 연민을 느끼다니!' 하고 후회했다.

_타고난 본성을 바꾸는 것은 불가능하다.

평화를 원하거든 전쟁을 준비하라. —카를 폰 클라우제비츠[7] 《전쟁론》

If you want peace, prepare for war.

---

7 카를 폰 클라우제비츠Carl von Clausewitz(1780~1831). 프로이센의 장군.

13

공평하면
말이 없다

매사를 공평하게 처리하면 말이 없다.
시비가 조화를 이루어 어느 쪽도 막힘이 없이 자연스럽게 나가는 것을 일컬어
양행兩行이라고 한다.

갈등은 다름에서
비롯된다

갈등의 원인은 시비是非이고, 이해타산利害打算이다. 시비란 무엇인가? 이것이 옳고 저것은 그르다는 분별이고, 분별에서 다툼이 생기는 것이다. 하늘의 명命을 거역하고 제 뜻을 앞세울 때, 상대와 나를 편 가르게 되고 거기서 시비가 생겨난다. 제 뜻을 꺾고 하늘의 뜻(順理)을 따르는 것이 모든 시비를 잠재우는 길이다.

> 옳다 함은 자기를 위주로 해서 생기고, 아는 것이 상대보다
> 자기가 낫다는 생각이다. 이런 까닭에 시비가 생긴다. —《장자》
> 是以生爲本 以知爲師 因以乘是非 시이생위본 이지위사 인이승시비

사람마다 자신의 생각과 입장이 다르다. 사람은 자신의 처지와 형편에 따라 세상 일의 옳고 그름을 판단하는 이기적인 동물이다. 그래서 만인이 동의하는 객관적이고 보편타당성 있는 판단기준을

도출하기란 쉽지 않다.

사람은 공평하게 하면 말이 없고 물은 수평을 이루게 하면 흐르지 않는다. —⟨현문⟩

人平不語 水平不流 인평불어 수평불류

사람마다 제 마음이 있고 마음마다 제 견해가 있다. —⟨현문⟩

人各有心 心各有見 인각유심 심각유견

탈무드 **갈등**

고양이와 쥐는 먹는 동안에는 싸우지 않는다. 개 한 마리가 짖으면 온동네 개가 따라 짖고, 짐승들은 같은 부류끼리 어울려 살아간다. 늑대는 결코 양과 같이 살 수 없고, 하이에나와 개도 절대로 함께 살아가지 못한다. 부자와 가난한 자의 생활도 이와 같다.

수레를 만드는 사람은 사람들이 부자가 되기를 바라고,

관을 짜는 사람은 사람들이 빨리 죽기를 바란다. —⟨한비자⟩ ⟨비내편⟩

輿人成輿 則慾人之富貴 匠人成棺 則慾人之夭死也

여인성여 즉욕인지부귀 장인성관 즉욕인지요사야

이솝우화 **대머리가 된 남자**

흰 머리가 듬성듬성 있는 중년 남자에게 젊은 첩과 늙은 첩이 있었다. 늙은 첩은 자기보다 연하인 남자가 올 때마다 검은 머리카락을 뽑았고, 젊은 첩은 그의 흰 머리를 뽑았다. 결국 그 남자는 대머리가 되고 말았다.
_서로 맞지 않는 두 사람의 결합은 서로를 불행하게 한다.

미움은 미움으로 대하면 결국 풀리지 않는다.

미움은 미움이 없을 때만 풀리는 것이 여래如來의 진리이다. —**《법구경》**

不可怨以怨 終以得休息 行忍得息怨 此名如來法

불가원이원 종이득휴식 행인득식원 차명여래법

이솝우화 **한배를 탄 원수**

원수지간인 두 남자가 같은 배를 타고 항해를 떠났다. 한 명은 뱃머리 쪽에,
다른 한 명은 배의 맨 뒷자리에 앉았다. 갑자기 심한 폭풍우가 몰아쳐 배가 침몰
하려 하자, 맨 뒷자리의 남자가 선장에게 물었다. "배는 어느 쪽이 먼저 물속으
로 가라앉을까요?" "그야 뱃머리부터 가라앉지요."라고 선장이 대답하자, 남자
는 "그렇다면 나는 당장 죽어도 여한이 없소. 원수가 죽는 꼴을 보게 되니 말이
오."라고 말했다.

_증오와 저주는 자신마저도 파멸시킨다.

조화調和는 아주 작은 것도 융성하게 만들지만 갈등葛藤은 원대한
것조차 쇠망시킨다는 것이 역사의 교훈이다. 대한민국의 현주소는
어떠한가? 선거 때만 되면 친한 친구, 일가친척, 심지어는 같은 가족
끼리도 의견이 극명하게 갈리니 안타까운 일이 아닐 수 없다.

남이 나를 알아주지 않음을 걱정하지 말고

내가 남을 알아보지 못함을 걱정하라. —**《논어》〈학이편〉**

不患人之不己知 患不知人也 불환인지불기지 환부지인야

갈등을 어떻게
풀 것인가

갈등의 갈은 '칡 갈葛'자이고, 등은 '등나무 등藤'자를 쓴다. 칡덩굴은 오른쪽으로 감아 올라가고 등나무 덩굴은 왼쪽으로 감아 올라간다. 위로 올라가고자 하는 지향점은 같지만 오른쪽과 왼쪽으로 감고 올라가는 방향이 서로 다르다. 이렇게 갈등이란 말은 칡과 등나무가 서로 방향이 달라 얽히는 것처럼 개인이나 집단의 목표가 달라 서로 충돌하고 적대시하는 모습을 나타낸다.

어떤 사람에게는 떫고 쓴 것이, 다른 사람에게는
특별히 달콤하게 생각될 수도 있다. —**루크레티우스**[1] **《만물의 본성에 대하여》**

What is to some sad and bitter, may seem to others particularly sweet.

---

[1] 루크레티우스Titus Lucretius Carus(BC 94?~BC 55?). 고대 로마의 시인, 철학자. 서사시 《사물의 본성에 관하여》가 있다.

만물에 순응하는 사람에게는 만물이 스스로 들어오거니와 만물과 대립하는 자는 자기 한 몸조차 받아들이지 못하거늘 어찌 남을 용납할 수 있으랴. 남을 용납하지 못하는 사람에게는 친한 사람이 없고, 친한 사람이 없으면 모두가 남이다. —《**장자**》〈**잡편 경상초**〉

싫어하는 사람을 제압하는 데
정당화할 수 없으면 그를 포용해야 한다. —**체스터필드 《서간집》**
You must embrace the man you hate,
if you cannot be justified in knocking him down.

이솝우화 **까마귀와 개**

까마귀가 아테나 여신에게 제물을 바친 뒤, 개를 초대해서 그 제물을 같이 먹자고 했다. 개가 말했다. "너 괜한 일 하는 거야. 아테나 여신은 너를 미워해서 네게 심판을 내리려고 하는 걸 모르니?" 그러자 까마귀가 말했다. "바로 그 이유 때문에 난 제물을 바친 거야. 그래서 여신과 화해하려는 거지."
_반대하는 자를 포용하라.

사람과 사람이 서로 사랑하면 서로 해치지 않고, 온 세상의 사람이 모두 사랑하면 강한 자가 약한 자를 억누르지 않으며, 많이 가진 자가 적게 가진 자의 것을 빼앗지 않으며, 부자가 가난한 자를 모욕하지 않으며, 귀한 자가 천한 자에게 오만하지 않으며, 사기꾼이 어리석은 사람을 속이지 않는다. —《**묵자**》〈**겸애설兼愛說**〉

갈등을 조정하는 능력이 지도력이고 국가경쟁력이다. 시비是非, 네 것 내 것, 너와 나를 떠나 조화를 이루어 어느 쪽도 막힘이 없이 자연스럽게 나가는 것을 일컬어 양행兩行이라고 한다. 어차피 사람들이 살아가는 세상에 옳고 그름의 시비는 있게 마련이다. 그것을 어떤 강압이나 회유로 없애는 것은 그리 오래가지 못한다.

강물이 모든 골짜기의 물을 흡수할 수 있는 것은 아래로 흐르기
때문이다. 오로지 아래로 낮출 수 있다면 결국 위로도 오를 수 있다.

—《회남자》〈설산훈〉

江河所以能長百谷者 能下之也 강하소이능장백곡자 능하지야
夫惟能下之 是以能上之 부유능하지 시이능상지

시비 자체가 조화를 이루며 살아가는 길을 찾는 것이 현명한 방책이고 그것을 주도하여 실현시켜 나가는 것이 지도자의 지도력이다. 지도력의 기본은 소통이다. 반대편에 있는 이해당사자에게 먼저 다가가서 화해의 손길을 내미는 것이 갈등 해소와 화해의 시작이다.

이해는 찬성의 시작이다. —앙드레 지드[2] 《일기》

Understanding is the beginning of approving.

---

[2] 앙드레 지드André-Paul Guillaume Gide(1869~1951). 문학의 여러 가능성을 실험한 프랑스 소설가. 주요 저서로《좁은 문》(1909) 이 있으며, 1947년 노벨문학상을 수상했다.

이해한다는 것은 자기 자신까지도 용서하는 것이다. — **알렉산더 체이스**[3]

To understand is to forgive, even oneself.

《맹자》〈이루편離婁篇〉에 나오는 역지즉개연易地則皆然에서 유래한 말로 '역지사지易地思之'가 있다. 입장을 바꾸어 상대편의 처지나 입장에서 먼저 헤아려 보라는 말이다. 상대를 배려하는 마음이 부족할 때 갈등이 생기는 것이다.

갈등을 해소하는 가장 현명한 방법은 '좀 더 강한 자, 좀 더 가진 쪽, 좀 더 풍족한 세력'이 '약한 자, 없는 쪽, 부족한 세력'에 대해 그들이 원하는 것을 그들의 눈높이에 맞추어 배려하고 양보하고 타협하여 먼저 주는 것이다. 주면 받게 된다. 타협하고 화합할 줄 아는 사람만이 큰 일을 해낼 수 있다. 갈등을 푸는 길은 오직 포용뿐이다.

성공하는 사람들의 공통점은 화합과 인내를 중시한다는 것이다. 상대를 이해하고 배려하는 '역지사지'는 화합의 근본이며 나아가 모든 공동체 구성원이 반드시 지켜야 할 덕목이다.

---

[3] 알렉산더 체이스Alexander Chase(1926~). 미국의 저널리스트.

도둑이 수탉을
죽이는 이유

시계가 없던 옛날, 수탉은 새벽을 알리는 고마운 시계 역할을 했지만 도둑에게는 반갑지 않은 존재였다. 날이 밝기 전에 물건을 훔쳐야 하는데 수탉의 울음소리에 집주인이 깨어나 도둑질을 망치기 일쑤였기 때문이다. 그래서 도둑들은 수탉을 죽였다.

이솝우화 **도둑이 수탉을 죽이는 까닭**

도둑들이 어느 집의 수탉을 훔쳐다가 잡아먹으려 하자, 수탉이 제발 살려달라고 애걸하면서 말했다. "나는 새벽에 잠든 사람들을 깨워서 일을 하도록 합니다. 사람들에게 유익한 나를 왜 잡으려고 합니까?" 그러자 도둑이 말했다. "네가 사람들을 깨우니까 우리가 도둑질을 할 수 없잖아. 그게 네가 죽어야 하는 이유지."

_악한 자들은 자신의 이익만을 추구한다.

갑에게 약이 되는 것이 을에게는 독이 된다. —필립 베일리 〈물의 시인〉

One man's meat is another man's poison.

집단이기주의란 다른 사람이나 공동체 또는 공공의 권리나 이익을 생각하지 않고 자신의 이익만을 추구하는 생각과 생활태도를 가리킨다. 우리 사회에도 수탉을 죽이는 도둑들처럼 전형적인 이기주의 집단이 너무 많이 산재해 있다.

나라가 남북으로 갈리고, 동서로 찢어지고, 정당은 주류와 비주류로 나뉘어 서로 원수같이 대한다. 누구를 위한 정치인지 한국 정치판은 항상 요동을 치며, 민심은 갈라져서 결국 바위가 자갈이 되고 자갈이 모래가 되고 모래가 먼지가 되는 국론분열이 계속되니 참으로 안타깝다.

동물의 세계에서도 임팔라나 누 떼, 얼룩말들은 한 무리로 뭉쳐 있어야 맹수들이 넘보지 못하는데, 우리 사회는 피아彼我 구별 없이 누가 적이고 누가 친구인지도 구별이 안 되는 혼돈의 사회이다.

봄비는 새싹들에게 약이지만 길 가는 사람들은 그 질척함을 싫어하고,
가을 달이 휘영청 밝아도 도둑은 그 밝은 빛을 싫어한다. —〈명심보감〉

春雨如膏 行人 惡其泥濘 춘우여고 행인 오기니녕

秋月揚輝 盜者 憎其照鑑 추월양휘 도자 증기조감

화이부동和而不同
동이불화同而不和

군자는 남을 자기 자신처럼 생각하기 때문에 남과 조화를 이루면서
도 부화뇌동하지 않는다. 반대로 소인은 이익을 좇으므로 이익을 같
이 하는 사람끼리는 함께 행동하지만 남과는 조화를 이루지 못한다.

다음은 《논어》의 〈자로편〉에 나오는 말이다.

군자는 서로 어울려 화합하되(和) 패거리를 짓지 않고(不同)
소인은 패거리를 짓되(同) 서로 어울려 화합하지 않는다(不和).
君子和而不同 小人同而不和 군자화이부동 소인동이불화

자신의 기준을 망각한 채 주체성 없이 이해관계에 따라서 행동하
고 무조건 남의 주장에 따르는 것을 경고하는 말이다.

바른 것 하나가
100가지 시비를 제압한다

어느 사회, 어느 조직에나 무슨 일을 하든 구성원의 약 15% 정도는 반대파이다. 이들은 정당성과 관계없이 성향이 비슷한 이들끼리 모여서 반대를 일삼는다. 하지만 원리원칙에 따라 공명정대하게 일을 처리하면 100가지 시비도 제압할 수 있다.

비록 비단을 진홍색으로 붉게 물들인 것처럼 일을 완벽하게
처리했다 하더라도 일을 잘했느니 못했느니 시비는 있기 마련이다. —《현문》
假緞染就眞紅色 也被旁人說是非 가단염취진홍색 야피방인설시비

사람은 누구나 어떤 일이든 매일 의사결정을 하면서 살아간다. 의사결정이란 이 일을 해야 되는지 안 되는지, 이것이냐 저것이냐의 선택이다. 선택은 곧 판단이고, 판단은 사심이 없이 공정해야 한다.

오직 마음만 부끄러움이 없게 해 두면
뒤에 재앙이 온다 해도 두려울 것이 없다. —《현문》
但求心無愧 不怕有後災 단구심무괴 불파유후재

배는 뱃길을 따라 항해해야 하고, 수영하는 사람은 파도를 이용해서 수영을 해야 물을 먹지 않듯이, 세상만사에는 따라가야 할 길이 있다. 이것이 순리이다. 순리를 거스르면 그 끝이 순탄치 않다.

바른 일 하나로 모든 사악함을 제압할 수 있고,
견문이 적으면 반드시 괴이한 것이 많은 법이다. —《현문》
一正壓百邪 少見必多怪 일정압백사 소견필다괴

《장자》〈추수편〉에 이르기를 "여름 벌레에게 얼음을 얘기해도 알지 못하는 것은 여름 한 철밖에 모르기 때문이다(夏蟲不可以語於氷者 篤於時也 하충불가이어어빙자 독어시야)."라고 하였다. 견문이 좁은 사람일수록 상대의 의견에 반대하기 마련이다. 그러나 일을 추진하면서 곧고 바른 길을 따르면 향후 어떤 시비에도 걱정할 것이 없다.

뿌리가 깊으면 바람에 흔들리는 것을 걱정하지 않고,
나무가 곧고 바른데 어찌 달빛 그림자가 비틀어지는 것을 걱정하랴. —《현문》
根深不怕風搖動 樹正何愁月影斜 근심불파풍요동 수정하수월영사

바둑에서
처세의 지혜를 배운다

바둑은 인생살이의 축소판과 같다. 매 국마다 당면한 문제들을 인내를 가지고 현명하고 침착하게 최선을 다해 풀어야 한다.

세상사는 마치 바둑과 같아서 매 국마다 새롭게 시작해야 한다.

世事如欺局國新 세사여기국국신 — 《현문》

인생에 있어서 어려운 것은 선택이다. —조지 무어[4]

The difficulty in life is the choice.

위기십결圍棋十訣[5]은 '바둑을 둘 때 마음에 새기고 있어야 할 10가지

---

[4] 조지 무어George Edward Moore(1873~1958). 영국의 철학자.
[5] 이 책의 저자는 중국 당나라 때의 시인이자 당 현종의 '기대조(棋待詔, 황제의 바둑 상대역을 맡는 벼슬의 일종)'를 지냈던 바둑 고수 왕적신王積薪이라는 것이 정설로 되어 있었으나, 1992년 대만의 중국교육성 바둑편찬위원인 주명원朱銘源이 '위기십결은 왕적신이 만든 것이 아니라 송나라 때 유중보劉仲甫의 작품'이라는 새로운 학설을 제기하기도 하였다.

교훈' 또는 '바둑의 10계명'이라고도 말할 수 있다. 위기십결은 바둑뿐 아니라 우리네 인생살이에서도 현자의 지혜가 될 수 있다.

1. 이기려거든 욕심내지 말라(不得貪勝부득탐승)

이기려고만 하지 말라. 필승의 신념으로 과감하게 모험을 해야 할 상황이면 모험을 해야 한다. 꼭 이겨야 한다는 심리적인 강박감과 조바심을 버리고 어깨에 힘을 빼고 부드럽게 바둑을 두어라. 마음의 평정심을 잃으면 판단이 흐려져 과감하게 나가야 할 때 물러서고 참아야 할 때 무리를 하게 된다. 욕심을 내고 긴장하기 때문에 불안정한 심리상태가 되고 결국은 역전을 당하고 마는 것이다.

> 승리하려면 공격하라. 승리가 확실할 때만 공격하고
> 그렇지 않으면 공격하지 말라. —**보응우옌잡**[6]
> Strike to win, strike only if success is certain;
> if it is not, then don't strike.

2. 상대의 세력권에 들어갈 때는 너무 깊이 들어가지 말라(入界宜緩입계의완)

포석布石[7]이 끝나면 상대방 진영과 내 진영의 경계의 윤곽이 드러나게 된다. 그런 시점에서 서두르지 말라는 것이다. 남의 떡이 커 보

---

[6] 보응우옌잡Võ Nguyên Giáp(1911~). 베트남의 군인, 정치가.
[7] 바둑에서 중반전의 싸움이나 집 차지에 유리하도록 초반에 돌을 벌여 놓는 일.

이는 법이다. 내 집을 키우려고 서두르는 것보다 정확한 형세 판단이 중요하다. 언제나 서둘러서 좋은 일은 별로 없다.

조급하게 판단하는 사람은 후회를 재촉한다. —**서양 속담**

He makes speed to repentance who judges hastily.

3. 적을 공격할 때는 자신을 먼저 돌아보라(攻彼顧我공피고아)

상대방을 공격하고자 할 때는 먼저 나 자신을 한번 돌아보라. 나에게 약점은 없는지, 혹시 반격을 당할 소지는 없는지 등을 일단 잘 살펴본 후에 공격을 해야 이길 수 있다.

승리할 가능성이 있을 때는 진격하고,

승산이 없음을 알았을 때는 물러나야 한다. —**《오자병법》**

見可而進 智難而退也 견가이진 지난이퇴야

4. 돌을 버리더라도 선수를 잡아라(棄子爭先기자쟁선)

하수는 돌을 아끼고 상수는 돌을 버린다는 속담이 있다. 버려라. 그리고 기선을 잡아라. 그러면 이긴다. 고수들은 초심자 눈에는 대마大馬[8]로 보이는 수도 필요에 따라서는 쉽게 버린다. 환격還擊[9], 회돌이[10],

---

[8] 바둑에서 많은 점으로 넓게 자리를 잡은 말.
[9] 바둑에서 상대편이 자신의 돌 하나를 잡게 놓아둔 뒤 바로 그 자리에 다시 놓아서 상대편의 돌 여럿을 잡는 일.
[10] 바둑에서 옥집이 되는 끊는 점에 사석을 두어서 상대편의 돌을 포도송이처럼 똘똘 뭉치게 하여 우형화愚形化하는 수단.

파호破戶[11]하기 등은 아주 초보적인 버림돌 작전이다. 요석과 폐석을 잘 구분해야 한다. 용무를 마친 돌은 덩어리가 크더라도 가치가 적은 것이고, 비록 한 점이라도 상대방을 끊고 있는 돌은 죽여서는 안 된다. "버려라, 그러면 이긴다." 이 말은 중국 녜웨이핑攝衛平 9단의 승부의 좌우명으로 바둑에서 사석작전捨石作戰과 쟁선爭先의 중요성을 강조하는 말이다.

5. 작은 것을 버리고 큰 것을 취하라(捨小取大소취대)

작은 것을 버리고 큰 것을 취하라. 눈앞의 작은 이익을 탐하다가 큰 이익을 잃는다는 소탐대실小貪大失과 일맥상통하는 말이다.

> 무방비한 곳을 공격하고 적이 뜻하지 못한 것을 노려라. —《오자병법》
> 攻其無備 出其不意 공기무비 출기불의

6. 위험에 처했을 때 버릴 것은 버려라(逢危須棄봉위수기)

위기에 처한 경우에는 모름지기 버릴 것은 버리라는 말이다. 곤마困馬[12]가 생기지 않도록 하는 것이 최상책이지만, 가망이 없는 곤마를 질질 끌고 가면 잡히는 경우 대패하게 되고 살더라도 결국은 지고 만다. 곤마는 덩어리가 커지기 전에 일찌감치 버릴 것인지 살릴 것인지 결단을 내려야 한다.

---

[11] 바둑에서 상대편의 말을 잡기 위하여 상대편의 집 가운데에 말을 놓아 두 집이 나지 못하게 하는 일.
[12] 살아나기 어려운 돌.

무릇 적을 포위할 때는 반드시 적은 이득을 제시하여

말려들게 해야 한다. —《손자병법》

凡圍必開其小利 범위필개기소리

7. 경솔하게 빨리 움직이지 말고 신중하게 생각하라(愼勿輕速 신물경속)

바둑을 둘 때 경솔하게 서두르지 말고 신중하게 한 수 한 수 생각하면서 잘 두라는 말이다. 바둑의 정신자세를 강조한 가르침이다.

군대에서의 작전은 강한 곳은 피하고 약한 곳을 쳐야 한다. —《손자병법》

兵之形 避實而擊虛 병지형 피실이격허

8. 상대가 움직일 때 같이 움직여라(動須相應 동수상응)

행마行馬[13]를 할 때는 모름지기 이쪽저쪽이 서로 연관되게, 서로 호응을 하면서 국세를 내 편에 유리하게 이끌 수 있도록 운석해야 한다. 바둑돌은 판 위에 한 번 놓으면 그 위치는 바뀔 수 없지만 그 역할은 시시때때로 바뀐다. 그래서 바둑을 살아 움직이는 유기체와 같다고 하는 것이다.

적이 조금 전진하기도 하고 조금 후퇴하기도 하는 것은

아군을 유인하고자 함이다. —《손자병법》

半進反退者 誘也 반진반퇴자 유야

---

[13] 바둑에서 세력을 펴서 돌을 놓음.

9. 상대가 강하면 내 말을 보호하라(彼强自保피강자보)

상대가 강한 곳에서는 내 돌을 안전하게 잘 보호해야 한다. 형세가 불리하게 느껴진다고 상대편 병사가 많은 곳에 마구 뛰어들거나 내 돌에 약점이 많은데도 싸움을 벌이는 것은 패국으로 가는 지름길이다. 불리할수록 참고 기다리면 기회는 반드시 찾아오는 법이다. 바둑은 대개 참는 자가 이기게 된다. 수를 두다 보면 서로 실수를 하기 마련이므로 상대의 실수를 기다리며 불리한 상황에서도 침착하게 정수를 두면서 다음 기회를 기다려야 한다.

> 병법은 적을 속이는 것이다. —《손자병법》
>
> 兵者詭道也 병자궤도야

10. 형세가 고립되었을 때는 싸우지 말고 화평을 도모하라(勢孤取和세고취화)

상대편 세력 속에서 고립되었을 경우에는 빨리 안정시키는 길을 찾아라. 일단 살고 나서 후일을 도모하라는 뜻이다. 삼국지에 보면 천하를 도모하는 수많은 영웅호걸이 등장하는데, 그런 영웅호걸들도 때가 아니라고 느끼거나 형세가 불리하다고 판단될 때는 한발 물러선다. 한신도 상대의 가랑이 밑을 기어가지 않았던가. 원대한 꿈을 실현시키기 위해 잠깐의 불편이나 굴욕은 참고 넘어가는 것, 그것이 진정한 용기이다.

서로 대등하면 능히 맞서 싸워야 하고, 상대보다 적으면
능히 도망갈 수 있어야 하며, 그에 맞설 만하지 못하면
전쟁을 피해야 한다. 그러므로 적은 병력으로 적과
고집스럽게 대적했다가는 모두 적의 포로가 되고 만다. —**〈손자병법〉**

敵則能戰之 적즉능전지 少則能逃之 소즉능도지

不若則能避之 불약즉능피지 故小敵之堅 고소적지견

大敵之擒也 대적지금야

이겨낼 수 없을 때는 지켜야 하고, 이길 수 있다고 판단되면 공격
해야 한다. 수비는 부족할 때 취하는 책략이며, 공격은 여유 있을 때
취하는 전략이다. 전투는 이기는 것이 중요하지 오래 싸우는 것이
중요한 것이 아니다. —**〈손자병법〉**

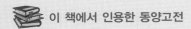

논어論語　유교 경전인 사서四書의 하나. 공자와 그의 제자들의 언행을 적은 것으로, 공자 사상의 중심이 되는 효제孝悌와 충서忠恕 및 '인仁'의 도道에 대하여 설명하고 있다. 7권 20편.

맹자孟子　유교 경전인 사서四書의 하나. 맹자와 그 제자들의 대화 등을 기술한 것으로, 〈양혜왕梁惠王〉, 〈공손추公孫丑〉, 〈등문공滕文公〉, 〈이루離婁〉, 〈만장萬章〉, 〈고자告子〉, 〈진심盡心〉의 7편으로 분류하였다. 14권 7책.

중용中庸　유교 경전인 사서四書의 하나. 공자의 손자인 자사子思가 지은 것으로 중용의 덕과 인간의 본성인 성性에 대하여 설명하였다. 본디 《예기》 가운데 한 편이었으나, 유송劉宋의 대옹戴顒이 빼내어 별책으로 하였고, 정자程子가 사서에 편입하였으며, 주자朱子가 장구章句를 만들어 성행하게 되었다. 1권.

대학大學　유교 경전인 사서四書의 하나. 공자의 유서遺書라는 설과 자사 또는 증자의 저서라는 설이 있다. 본디 《예기》의 한 편이었던 것을 송의 사마광이 처음으로 따로 떼어서 《대학광의大學廣義》를 만들고, 그 후 주자朱子의 교정으로 현재의 형태가 되었다.

서경書經　유학 오경五經의 하나. 공자가 요임금과 순임금 때부터 주나라에 이르기까지의 정사政事에 관한 문서를 수집하여 편찬한 책이다. 중국에서 가장 오래된 경전이다. 20권 58편.

예기禮記 유학 오경五經의 하나. 한나라 무제 때 하간河間의 헌왕이 공자와 그 후학들이 지은 131편의 책을 모아 정리한 뒤 선제 때 유향劉向이 214편으로 엮었다. 후에 대덕戴德이 85편으로 엮은 대대례大戴禮와 대성戴聖이 49편으로 줄인 소대례小戴禮가 있다. 의례의 해설 및 음악·정치·학문에 걸쳐 예의 근본정신에 대하여 서술하였다. 49권.

노자도덕경老子道德經 중국의 도가서. 전국시대 도가의 언설을 모아 한나라 초기에 편찬한 것으로 추측된다. 내용은 우주 간에 존재하는 일종의 이법理法을 도道라 하며, 무위無爲의 치治, 무위의 처세훈處世訓을 서술하였다.

장자莊子 중국 전국시대 때 장자가 지은 사상서. 중국의 철학과 선종의 발전에 큰 영향을 미쳤다. 인간 지혜의 한계를 말하고, 모든 것을 있는 그대로 받아들이는 데 참된 자유가 있다고 설명한다. 10권 33편.

묵자墨子 묵자의 사상서. 인간 집단의 전체적 번영인 '이利'에 주목하고 그것을 달성하는 강제적 연대와 공동의 겸애를 주장하였다. 침략주의를 배격하고 다스리는 자의 사치를 추방하고자 하였다. 묵자의 주장을 비롯하여 후기 묵가의 논리학적 사유思惟와 수성법守城法이 실려 있다.

손자孫子 중국 오나라의 손무가 편찬한 병법서. 무경칠서의 하나로 전략전술의 법칙과 준거를 상세하게 설명하고 중국의 전쟁 체험을 집대성한 것으로, 간결한 명문名文으로도 유명하다. 1권 13편.

순자荀子 중국 전국시대의 유학자인 순자가 지은 사상서. 예禮와 의義를 외재적인 규정이라 하고, 그것에 의한 인간 규제를 중시하는 예치주의를 강조하며 성악설을 주장하였다. 후에 한비자 등이 계승하여 법가法家사상을 낳았다. 20권.

관자管子 중국 춘추시대의 제나라 재상인 관중管仲이 지었다고 전해지는 책. 부민富民, 치국治國, 포교布敎를 서술하고 패도정치를 역설하였다. 원본은 86편 이었다고 하나 원나라 이후 76편이 남아 오늘날까지 전한다.

한서漢書 중국 전한前漢의 역사서. 이십오사의 하나로, 고조에서 왕망까지 229년간의 역사를 기록하였으며, 반표班彪가 시작한 것을 후한의 반고가 대성 하고 누이동생 반소가 보수하였다. 기전체로 제기帝紀 12권, 표表 8권, 지志 10 권, 열전列傳 70권으로 되어 있다.

한비자韓非子 중국 춘추시대 말기 한나라의 공자公子로 법치주의法治主義를 주 창한 한비韓非(BC 280?~BC 233)가 지은 책. 형벌의 이름과 방법을 논하였다. 55 편 20책.

설원說苑 중국 한나라 때 유향이 편찬한 교훈적인 설화집. 군도君道, 신술臣術, 건본建本, 입절立節, 귀덕貴德, 부은復恩 등의 20편으로 고대의 제후와 선현들의 행적과 일화를 수록하였다. 20권.

손자병법孫子兵法 《오자吳子》와 병칭倂稱되는 병법 칠서七書 중 가장 뛰어난 병 서로, 이 둘을 합쳐 흔히 '손오병법孫吳兵法'이라고 부른다. 저자는 춘추시대 명 장 손무孫武(BC 6세기경)이며, 손자는 그를 높여 부르는 호칭이다.

오자병법吳子兵法　중국 전국시대 오기吳起(?~BC 381)가 지은 병서이다. 오기는 군사 지도자, 정치가로 공자의 제자인 증자曾子 밑에서 공부한 적이 있다.

전국책戰國策　중국 한나라의 유향劉向이, 전국시대에 종횡가縱橫家가 제후諸侯에게 논한 책략을 나라별로 모아 엮은 책이다. 주나라의 안왕에서 진나라의 시황제까지의 250년 동안의 소진蘇秦, 장의張儀 등의 변설辯說과 책략을 동주東周, 서주西周, 진秦 등 12개국으로 나누어 엮었다. 33권.

사기史記　중국 한나라의 사마천이 상고上古의 황제로부터 전한前漢 무제까지의 역대 왕조의 사적을 엮은 역사책. 중국 이십오사二十五史의 하나로, 중국 정사正史와 기전체의 효시이며, 사서史書로서 높이 평가될 뿐만 아니라 문학적인 가치도 높다. 130권.

근사록近思錄　중국 송나라 때 주자와 그의 제자인 여조겸이 함께 편찬한 책. 주무숙周茂叔, 정명도程明道, 정이천程伊川, 장재張載 등의 저서나 어록에서 일상 수양에 긴요한 장구章句 622 조목을 추려서 14부로 분류하였다. 14권.

회남자淮南子　중국 전한의 회남왕인 유안이 편찬한 철학서로, 형이상학, 우주론, 국가정치, 행위규범 등의 내용을 담고 있다. 원명은 《회남홍렬淮南鴻烈》이며, 현재는 21권만 전한다.

명심보감明心寶鑑　조선 시대 때 어린아이들의 인격 수양을 위한 한문 교양서. 고려 충렬왕 때 명신 추적秋適이 중국 고전에서 보배로운 말이나 글 163항목을 가려서, 계선繼善·천명天命·권학勸學·치가治家 등의 24부문으로 나누어 편집

하였다.

현문賢問 현재 중국과 대만에서 우리의 명심보감과 같이 처세서로 널리 읽히고 읽는 책이다.

후한서後漢書 중국 남북조시대에 송나라의 범엽范曄이 펴낸 후한의 정사正史. 중국 이십오사의 하나로, 기전체로 쓰여 있고 본기本紀 10권, 열전列傳 80권, 지志 30권으로 되어 있다. 양나라의 유소劉昭가 보충하였고, 지志는 진나라의 사마표司馬彪가 지었다. 120권.

관윤자關尹子 중국 주나라의 철학자이며 관리였던 윤희尹喜가 지은 책. 중국의 사상思想 문헌으로 신선神仙, 방술方術과 불교 교리를 혼합한 내용이다. 원본은 전하지 않고 오늘날 전하는 것은 당나라의 두광정杜光庭이 쓴 위서僞書로 추정된다.

정관정요貞觀政要 중국 당나라의 오긍吳兢이 지은 책. 태종이 가까운 신하들과 정관시대에 행한 정치상의 득실에 관하여 문답한 말을 모아 엮었다. 10권.

춘추좌씨전春秋左氏傳 중국 춘추시대 노나라의 좌구명左丘明이 공자가 저술한 《춘추》를 간단명료하게 누구나 이해할 수 있도록 구체적 사실과 역사적 배경, 사건의 전말을 실어 엮은 책이다.